Uni-Taschenbücher 1264

Eine Arbeitsgemeinschaft der Verlage

Birkhäuser Verlag Basel · Boston · Stuttgart
Wilhelm Fink Verlag München
Gustav Fischer Verlag Stuttgart
Francke Verlag München
Harper & Row New York
Paul Haupt Verlag Bern und Stuttgart
Dr. Alfred Hüthig Verlag Heidelberg
Leske Verlag + Budrich GmbH Opladen
J. C. B. Mohr (Paul Siebeck) Tübingen
R. v. Decker & C. F. Müller Verlagsgesellschaft m. b. H. Heidelberg
Quelle & Meyer Heidelberg
Ernst Reinhardt Verlag München und Basel
K. G. Saur München · New York · London · Paris
F. K. Schattauer Verlag Stuttgart · New York
Ferdinand Schöningh Verlag Paderborn · München · Wien · Zürich
Eugen Ulmer Verlag Stuttgart
Vandenhoeck & Ruprecht in Göttingen und Zürich

TEXT UND GESCHICHTE

Modellanalysen
zur englischen und amerikanischen Literatur

Herausgegeben von
Rüdiger Hillgärtner, Edgar Kamphausen und Malte C. Krugmann

Weitere Bände in Vorbereitung

Eberhard Kreutzer

Lewis Carroll:
»Alce in Wonderland«

und »Through the Looking-Glass«

Wilhelm Fink Verlag München

ISBN 3-7705-2172-2

© 1984 Wilhelm Fink Verlag, München

Satz-, Druck- und Buchbindearbeiten: Ferdinand Schöningh, Paderborn
Einbandgestaltung: Alfred Krugmann, Stuttgart

Inhalt

Vorwort

Anläßlich der bevorstehenden deutschen Gesamtübersetzung der Alice-Bücher mokierte sich J. B. Priestley 1921 in einer Glosse über die nun gewiß anbrechende Carroll-Forschung im Lande des mit Eifer betriebenen philologischen und psychoanalytischen Tiefsinns: Scharen teutonischer Interpreten, befürchtete er, würden sich nach Shakespeare nun mit gleicher Gründlichkeit Carroll vornehmen, auf dem Fuße gefolgt von den Freud- und Jung-Adepten, die den Wunderlandwesen mit ihrem Fachjargon zu Leibe rücken würden.[1] Die Prognose des englischen Humoristen entwirft ein Schreckbild, das sich pikanterweise weniger in der deutschen als in der englischen und zumal der amerikanischen Forschung bewahrheiten sollte. In Deutschland ist eine nennenswerte Carroll-Forschung überhaupt erst in den letzten 30 Jahren aufgekommen. Sie hat wohl mit besonderer Systematik das Phänomen des Nonsense untersucht, konnte sich aber von allzu spekulativen Auswüchsen freihalten. Diese haben in der mittlerweile stark angewachsenen und aufgefächerten Carroll-Forschung wahrlich Priestleys schlimmste Befürchtungen in den Schatten gestellt. Ihm selber waren erste Anzeichen eines prätentiösen Wissenschaftstrends auch unter angloamerikanischen Forschern aufgefallen, und sein Kommentar zielt auf die Pointe, daß Carroll in der Gestalt des Humpty Dumpty die Karikatur des selbstherrlichen Sprach- und Literaturwissenschaftlers geliefert habe — in einem Glanzstück vorweggenommener Satire auf elitäre Kritikerposen und subjektive Analytikergelüste, die noch das Offensichtlichste zum undurchdringlichen Rätsel stilisieren, nur um es dann eindrucksvoll auseinanderzunehmen und erklären zu können.

Daß die Literaturwissenschaft — und nicht nur sie — die Alice-Bücher unter die Lupe nehmen würde, kann freilich kaum verwundern. Allein die Vielseitigkeit ihrer Nachwirkung fordert dazu heraus. Sie gehören zu den schönsten kleinen Besonderheiten der Weltliteratur, markieren einflußreich den Beginn des ,goldenen Zeitalters' der englischen Kinderliteratur, bieten als viktorianische

---

[1] J. B. Priestley: A Note on Humpty Dumpty. 1921; rpt. in: Aspects of Alice. Lewis Carroll's Dreamchild as seen through the Critics' Looking-Glasses. Hrsg. von Robert Phillips. New York 1977, S. 262—266.

Randerscheinung ein oft berufenes Modell moderner Literatur und Kunst und haben in der angelsächsischen Welt ihren festen Platz als Kulturgut auch des alltäglichen Lebens. Gleichwohl bleiben die Dimensionen der Carroll-Forschung erstaunlich: Selten haben zwei auf den ersten Blick so unschuldige Bücher eine solche Fülle vielseitiger und oft genug abwegiger Untersuchungen ausgelöst. Es muß schon an dem herausfordernden Faszinosum der vielfältig Deutungsanreize bietenden, doch letztlich sich entziehenden Texte liegen, daß man so unermüdlich in immer neuen Ansätzen Interpretationsversuche unternommen hat: im biographischen Rückgriff, in psychoanalytischen Spekulationen über Autor und Werk, in mythologischen und archetypischen Auslegungen, in sprachphilosophischen Auseinandersetzungen mit dem Nonsense, in mathematischlogischen Erklärungen der *teasers,* in soziologischer Bezugnahme auf die viktorianischen Verhältnisse, in der Entschlüsselung vermeintlicher Allegorien, in komparatistischen Untersuchungen und neuerdings auch in semiotischer Methodendemonstration und emanzipatorischer oder psychedelischer Inanspruchnahme.[2]
Viele dieser Ansätze haben ihre Berechtigung, wie die zusammengetragenen Einsichten beweisen. Doch häufig liegen bewunderungswürdiger Beobachtungs- und Einfallsreichtum dicht neben abstruser Verstiegenheit und methodischem Wahnwitz. Nicht nur in ihrer widersprüchlichen Gesamtheit, auch in so mancher Einzelinterpretation wird aus den Texten herausgelesen, was Carroll selbst in seinen kühnsten Träumen nie hätte hineinlegen können. Von der Herstellung abwegiger Detailbezüge bis zur monomanen Dechiffrierung des zum Code verkürzten Textes reichen die Verirrungen. Die Cheshire Cat ist gewiß das änigmatischste unter den Wunderlandwesen, doch wer sie mit der „Mona Lisa" (Bloomingdale) oder aber Gandhi (Empson) vergleicht, bereitet uns ein außertextliches Vergnügen; und wenn *Through the Looking-Glass* schon durch das unterlegte Schachspielschema deutlicher durchstrukturiert wirkt als *Alice in Wonderland,* so lassen wir uns nicht weismachen, dies sei die Verklausulierung einer Satire auf das Oxford Movement (Leslie) oder gar einer Interlinearversion zum chassidischen Schrifttum (Ettleson). Angesichts solcher Deutungen, die in unwillkürlicher

[2] Zu den neuen Trends vgl. Winfried Nöth: Literatursemiotische Analysen zu Lewis Carrolls Alice-Büchern. Tübingen 1980; Judith Little: Liberated Alice. Dodgson's Female Hero as Domestic Rebel. In: Women's Studies 3 (1976), S. 195—205; Thomas Fensch: Lewis Carroll — The First Acidhead. 1968; rpt. in: Aspects of Alice, S. 421—424.

Parodie den Nonsense ihres Gegenstandes unterlaufen oder übertrumpfen, steht nur noch das Gegenmittel der ebenso systematischen Entschlüsselungsparodie zu Gebote, wie sie unlängst F. Huxley ingeniös vorgeführt hat.[3]

Wer in solcher Kontrafaktur nicht das Ende aller Carroll-Interpretationen sehen will, tut gut daran, sich auf das zu besinnen, was die Alice-Bücher zuallererst waren und zu guter Letzt bleiben sollten — Kinderbücher. Dieser Aspekt, der gerade von den näher auf die Texte eingehenden Interpreten häufig sträflich vernachlässigt worden ist, sollte wieder stärker ins Blickfeld gerückt werden. Gewiß lassen sich die Obsessionen des erwachsenen Autors — und ausgesprochenen Sonderlings — in ihrer bewußt oder unbewußt prägenden Wirkung nicht aus den Büchern wegleugnen. Doch allzu einseitig sind solche Elemente des Erwachsenenbuchs herausgearbeitet worden, und allzu lange hat man Carroll an die Seite von Joyce und Kafka gerückt. In jedem Fall erscheint es gerade bei so widersprüchlich gedeuteten Texten ratsam, an die Voraussetzungen und Umstände zu erinnern, aus denen sie hervorgegangen sind, d. h. aufbauend auf der bisherigen Rezeption nach der Textgenese zu fragen, den biographischen und sozialen Hintergrund zu berücksichtigen, den literarhistorischen Zusammenhang einzubeziehen, um von daher verläßlichere Gesichtspunkte für die Analyse der Bücher zu gewinnen.

Schon aus praktischen Gründen, aber auch weil hier der Kinderbuchautor stärker betont werden soll, wird im Folgenden der Autor Charles Lutwidge Dodgson unter seinem Künstlernamen Lewis Carroll aufgeführt, obwohl er, schon mit Anzeichen der Zwanghaftigkeit, auf der Trennung zwischen seinem Pseudonym und der unter dem eigenen Namen auftretenden Person bestand. Die Hauptwerke *Alice's Adventures in Wonderland* (1865) und *Through the Looking-Glass And What Alice Found There* (1871, datiert 1872) — so ihre vollen Titel — werden als *AW* und *LG*

---

[3] Judith Bloomingdale: Alice as Anima. The Image of Woman in Carroll's Classics. In: Aspects of Alice, S. 386; William Empson: The Child as Swain. 1935; rpt. in: Aspects of Alice, S. 359; Shane Leslie: Lewis Carroll and the Oxford Movement. 1933; rpt. in: Aspects of Alice, S. 211—219 (hier erscheint die Cheshire Cat als Kardinal Wiseman); Abraham Ettleson: Lewis Carroll's ‚Through the Looking Glass' Decoded. New York 1966; Francis Huxley: The Raven and the Writing Desk. London 1976.

jeweils im fortlaufenden Text zitiert, die übrigen Werke in der Regel nach der Ausgabe der *Complete Works of Lewis Carroll* von 1939 (= *CW*).[4]

---

[4] Textgrundlage für *AW* und *LG:* The Annotated Alice. Alice's Adventures in Wonderland and Through the Looking-Glass. Hrsg. von Martin Gardner. Revised Edition. Harmondsworth 1970.

CW: The Complete Works of Lewis Carroll. Introduction by Alexander Woollcott. 1939; rpt. London 1977; jetzt auch als seitengleicher Paperback-Nachdruck: The Penguin Complete Lewis Carroll. Harmondsworth 1982.

I. Rezeptionsgeschichte

1. Die viktorianischen Zeitgenossen

1898, in Lewis Carrolls Todesjahr, veröffentlichte sein Neffe Stuart Dodgson Collingwood eine materialreiche Biographie des Autors, der vor allem durch die Alice-Bücher zu Ruhm gekommen war. Aus dem Rückblick über drei viktorianische Jahrzehnte ließ sich bereits ein eindrucksvolles Stück Wirkungsgeschichte belegen: Die Verkaufsziffern der beiden Hauptwerke stiegen weiter an; das Echo in der Kritik blieb überwiegend positiv; eine soeben durchgeführte Umfrage der *Pall Mall Gazette* nach dem beliebtesten Kinderbuch brachte *AW* den ersten Platz; es gab Übersetzungen ins Französische, Deutsche, Italienische und Holländische; in verschiedenen Bearbeitungen war Alice auf die Bühne gebracht worden; in Laterna Magica-Bildern hatte man John Tenniels Illustrationen zur Vortragsuntermalung verwandt; deren Popularität kam auch im Tapeten- und Keksdosen-Dekor zum Ausdruck; *AW* diente als Schullektüre und eine vereinfachte Übersetzung gar als Übungsbuch im Deutschunterricht; schließlich waren beide Bücher zu einem unerschöpflichen Zitatenschatz der Tagespresse geworden.[1]
An dieser Entwicklung hatte Carroll selbst über die Verfasserschaft hinaus erheblichen Anteil. Die Wahl Tenniels als Illustrator und die enge Zusammenarbeit mit ihm sorgten für die bestmögliche Abstimmung von Text und Bild und für eine Qualität der zeichnerischen Ausführung, die von den Rezensenten als besonderes Gütezeichen gewertet wurde. Noch in den Endstadien der Veröffentlichung bestand der Autor in penibler Weise auf drucktechnischer Perfektion und marktgemäßem Vertrieb — oft zum Leidwesen des Verlagshauses Macmillan. In systematischer Vermarktung seines Spitzenerfolgs *AW* brachte er eine Faksimile-Ausgabe der reinschriftlichen Erstfassung mit den eigenen Zeichnungen (vgl. Abb. 1) und eine Bearbeitung für Kleinkinder unter fünf Jahren heraus: *Alice's Adventures under Ground* (1886) und *The Nursery „Alice"* (1889). Mit seinem regen Interesse an den frühen Überset-

---

[1] Stuart Dodgson Collingwood: The Life and Letters of Lewis Carroll. London 1898, S. 104 ff.

zungen ins Deutsche von Antonie Zimmermann und ins Französische von Henri Bué (beide 1869) half er einen Prozeß der weltweiten Rezeption dieser Kinderbuchklassiker in Gang zu bringen. Seit je ein begeisterter Theateranhänger, nahm er 1887 die Gelegenheit von Savile Clarkes operettenhafter Bühnenbearbeitung wahr, um kleinere Textergänzungen vorzunehmen und mit dem Beitrag „Alice on the Stage" in der Zeitschrift *The Theatre* einen späten Kommentar zur Buchvorlage zu geben. Zuvor schon hatte er die von William Boyd vertonten *Songs from Alice's Adventures in Wonderland* (1870) durch seine Mitarbeit gefördert und im selben Jahr eine Gruppe von Rätselgedichten unter dem suggestiven Titel „Puzzles from Wonderland" in der Kinderzeitschrift *Aunt Judy's Magazine* veröffentlicht. Einen unter dem Titel *Alice's Wonderland Birthday Book* 1884 herausgekommenen Geburtstagskalender pflegte er zu verschenken. Mit der ihm eigenen verspielten Bastelfreude erfand er 1890 einen „Wonderland Postage-Stamp Case", ein Mäppchen zur Aufbewahrung von Briefmarken, das zusammengehörige Illustrationen aus *AW* zu witzigen Verwandlungseffekten benutzte (Alice mit Baby bzw. Schwein, die Cheshire Cat bzw. ihr Grinsen bei jeweils geschlossener oder geöffneter Schiebevorrichtung).
All dies waren Folge- und Begleiterscheinungen einer bemerkenswerten Rezeption, die sich in erster Linie aus der vielseitigen, nachhaltigen Faszinationskraft der Carrollschen Erzähltexte ergab. Der Historiker, Sozialreformer und Romanautor Walter Besant sprach gewiß für viele Zeitgenossen, wenn er *AW* folgendermaßen charakterisierte: ein Buch, das er seit seinem Erscheinen kenne und unzähligen kleinen Mädchen geschenkt habe; ein Text, der ihm so vertraut sei, daß er ihn gar nicht mehr zu lesen brauche; das einzige Kinderbuch, das auch Erwachsenen ein unvermindertes Vergnügen bereite; das einzige Nonsense-Buch, das Kinder anspreche, ohne je kindisch zu werden; ein kindertümlich geschriebenes Buch ohne jede herablassende Pose; kurz, eine Rarität, die Generationen in der Zukunft sich zu eigen machen werden, solange die Sprache überlebe.[2]
Seine Einschätzung des Buchs ist in mehrfacher Hinsicht symptomatisch. Wie seine viktorianischen Zeitgenossen betrachtet Besant es primär als Kinderbuch, betont zugleich aber seinen ausgesprochenen Reiz für Erwachsene. Er verdeutlicht unwillkürlich auch den

---

[2] Nach Derek Hudson: Lewis Carroll. New Edition. London 1976, S. 23.

Umstand, daß Kinderlektüre in der Regel von Erwachsenen ausgewählt und meist noch einem alters- und geschlechtsspezifischen Zielpublikum nahegebracht wird, ohne notwendigerweise dessen Interessen zu erfüllen. Dieses grundsätzliche Rezeptionsproblem der Kinderliteratur erscheint besonders sinnfällig bei einem Mann, der als über Sechzigjähriger von einem Buch spricht, das er erst mit etwa dreißig kennengelernt haben kann.

Allerdings besitzen wir im Falle der Alice-Bücher auch Zeugnisse in der Form von Kindheitserinnerungen, die Eindrücke von der Intensität früher Leseerlebnisse vermitteln, welche nicht einfach als nostalgische Verklärung abgetan werden können. Im übrigen dürften die beachtlichen Auflagenziffern von *AW* (180 000 Exemplare bis 1898) und *LG* (60 000 Exemplare bis 1893) wohl kaum ohne Rückmeldung von seiten der Kinder zustande gekommen sein. Gewiß gab es andere Kinderbücher, die höhere Verkaufserfolge erzielten, doch solche Daten haben wiederum auch nur einen bedingten Aussagewert. Abenteuerromane wie Mayne Reids Spitzenreiter *The Scalphunters* (1851) hatten schon deshalb einen Marktvorteil, weil erfahrungsgemäß „Jungenbücher" eher auch von Mädchen gelesen werden als umgekehrt „Mädchenbücher" von Jungen und weil Jugendbücher vom Typ des abenteuerlichen Reißers — bei lückenlos anschließendem Lesealter — besonders leicht den Zugang zum erwachsenen Massenpublikum finden.[3] In diesem Zusammenhang zeichnen sich gattungs- und sozialspezifische Faktoren ab, die auch in die Rezeption der Alice-Bücher hineinwirken. Denn deren Leserkreis mußte schon vom vorausgesetzten Bildungsstand relativ begrenzt bleiben. Auch wenn man gerade bei diesen Büchern davon ausgehen kann, daß ihre märchenhafte Phantastik und ihr spielerischer Nonsense kindliche Leser über schwerer nachvollziehbare Passagen hinwegtragen und selbst erwachsene Leser die untergründigen und hintersinnigen Implikationen kaum gewahr werden, so zeigen allein das durchgängig einbezogene Schulwissen von Alice — gleichgültig ob sie damit altklug renommiert oder groteske Fehlleistungen erzeugt — sowie die suggestiven Denksportaufgaben und sprachspielerischen Verrätselungen, daß hier im Grunde vom Rezipienten mehr erwartet wird.

Wenn also die Bücher pauschal als Lektüre für jung und alt in

---

[3] Zu den Verkaufsziffern (für Reids Roman: über eine Million Exemplare bis 1890) vgl. Richard Altick: The English Common Reader. A Social History of the Mass Reading Public 1800—1900. Chicago 1957, S. 388 f.

Anspruch genommen werden, so ist zu betonen, daß sie sich eher an Mädchen als an Jungen, eher an Kinder als an Jugendliche, eher an den bildungsbürgerlichen Mittelstand als an ein gänzlich unbestimmtes Publikum werden. Und wo die Leser die gleichen Phänomene im Auge haben, können sie recht Unterschiedliches sehen — in Perspektiven, die nicht nur alt und jung voneinander trennen. Das ist unter anderem der Tatsache zu entnehmen, daß *LG* weniger erfolgreich war als *AW*, obwohl — oder weil — es systematischer angelegt ist, das Spiel mit dem Nonsense im einzelnen noch weiter treibt und komplexere Denkanstöße enthält. Hier scheiden sich offensichtlich die Geister, die das Buch jeweils nach Maßstäben der Kinder- oder aber Erwachsenenliteratur beurteilen: Obwohl immer wieder der seltene Glücksfall des gelungenen Folgebuchs betont worden ist, deuten doch die niedrigeren Auflagen an, daß man zumindest die Kinderbuch-Eignung allgemein geringer veranschlagt hat als beim Erstling. In welchem Ausmaß diese — gewiß begründbare — Beurteilung die Reaktionen der kindlichen Leser selbst berücksichtigt, bleibt wie so oft weitgehend offen: Auch im Medium der Kritik sprechen bestenfalls „berufene" Erwachsene im Namen der Kinder.

Wie die von Besant hervorgehobene Doppelzugehörigkeit der Alice-Bücher als Literatur für jung und alt kehren auch die übrigen von ihm angeführten Qualitätsmerkmale in der viktorianischen Kritik vielfach wieder. Der Verzicht auf das kindertümelnde „writing down" in didaktischer, moralisierender Absicht wurde früh als entscheidender Schritt in der Entwicklung der Kinderliteratur erkannt. Damit einher ging die besondere Aufgeschlossenheit gegenüber dem Phänomen des Nonsense als einer anspruchsvoll unterhaltsamen, wenngleich schwer faßbaren, auf jeden Fall aber spielerischen Kunst *sui generis*. Die Eingängigkeit der kuriosen Texte, die so oft zur Lektüre einladen, bis man die Bücher mehr oder weniger auswendig kann, und überhaupt die Lebendigkeit der Sprache, die ihnen einen zeitlosen Status zu garantieren scheint, werden häufig betont.

Würdigungen von Carrolls Leben und Werk gibt es auf breiterer Basis und mit differenzierenden Ansätzen erst anläßlich seines Todes im Jahre 1898. Neben Collingwoods Standardbiographie und Besants brieflicher Kurzcharakteristik sind hier vor allem Essays von T. B. Strong und Henry Holiday sowie zwei anonym erschienene Artikel zu nennen. Strong arbeitet in seinem Porträt „Lewis Carroll" die Besonderheit der Dialogführung in den Alice-Büchern heraus, die sprachkritisch die Redekonventionen verfrem-

det. Der Illustrator Holiday weist in „The Snark's Significance"
auf das eigentümliche Ineinanderspielen von Carrolls logischem
Ordnungssinn und seiner zum Grotesken neigenden Phantasie hin.
Ein bemerkenswerter Leitartikel im *Saturday Review* sieht Carrolls historische Bedeutung in der Wende, die er der Märchentradition gegeben habe, indem er mit Einfühlungsvermögen und Witz
das gleichsam archetypische Innenleben des Kindes selbst in den
Mittelpunkt rückte, und seine aktuelle Bedeutung in dem Beitrag
zur Gesellschaftskritik, der in der satirischen Bloßlegung eines sym-
ptomatischen Sprachverfalls liege. Wird hier im wesentlichen eine
ambivalente Einstellung des Autors gegenüber seiner Zeit angenommen, so kommt in dem Beitrag der Zeitschrift *Literature* schon
eine Vermutung zum Ausdruck, die einem Großteil der modernen
Carroll-Kritik zur Gewißheit werden sollte: die Annahme, daß
der Nonsense den unterschwelligen Reiz einer Spiegelung der irrationalen Dimension des menschlichen Seelenlebens biete.[4]
Dieter Petzold hat in seiner Studie zum englischen Nonsense ein
Meinungsbild der viktorianischen Kritik zu Lear und Carroll er-
stellt, dem für die Alice-Bücher folgende wiederkehrende Gesichtspunkte zu entnehmen sind. Abgesehen von der vereinzelten
Bemängelung der Konstruiertheit des Traumdurcheinanders und
der Geschmacksverirrung der amoralischen Parodien in *AW* fällt
die große Mehrzahl der Kritiken positiv aus und rühmt gerade die
zauberhafte Phantastik des Traumgeschehens und die von keiner
Moral belastete Unterhaltsamkeit der Dialoge und Gedichte. Die
Wertschätzung des Nonsense, der locker mit anderen Formen des
Irreal-Märchenhaften und Heiter-Komischen verknüpft und
durchweg an die Kinderliteratur gebunden erscheint, erleichterte
den ungetrübten Genuß an Texten, die viele als eine Art „geistiger
Erholung" von den Zwängen des geschäftigen Alltags, trübseliger
Stimmungen und starrer Denkgewohnheiten empfanden, was sowohl als unbewußte Auflehnung wie auch Ventilierung weiter
ausgedeutet werden konnte. In solchen eskapistischen Bedürfnissen
wurden ebenso wie in der nostalgischen Neigung eines Sich-Zu-
rückversetzens in die Kindheit besondere Anreize für die Erwachsenen gesehen. Die „Innocent Mirth"-Doktrin, die aus dem Behar-
ren auf der erfrischenden Unschuld und dem harmlosen Spiel des

---

[4] T. B. Strong: Lewis Carroll. 1898; rpt. in: Aspects of Alice, S. 42 ff.
Die übrigen Texte finden sich auszugsweise bei Dieter Petzold: Formen
und Funktionen der englischen Nonsense-Dichtung im 19. Jahrhundert.
Nürnberg 1972, S. 153 f., 162, 170 f.

Nonsense spricht, ist nach Petzold die vorherrschende Interpretationstendenz bis gegen Ende des Jahrhunderts. Entsprechend wurden andere Züge der Werke lange Zeit kaum zur Kenntnis genommen: die parodistisch-satirischen Elemente (die übrigens bei der amerikanischen Kritik stärkere Beachtung gefunden zu haben scheinen), die Momente einer unheimlichen Atmosphäre und die wiederkehrenden makabren Details, wie auch die in den Denkspielen implizierten philosophischen Probleme.[5]

Nun muß allerdings in diesem Zusammenhang betont werden, daß Carroll selbst einem solchen Verständnis beträchtlichen Vorschub geleistet hat. Denn die Geleitverse der Alice-Bücher, die in gefühlsseliger Mystifizierung der Kindheit und in der atmosphärischen Heraufbeschwörung träumerischer Mußestunden an die ursprüngliche Erzählung erinnern, geben dem Leser einen appellativen Bezugsrahmen. Spätere Kommentare außerhalb des Werks verstärken diesen Eindruck. In „An Easter Greeting to Every Child who Loves ‚Alice‘ " (1876), einer in weiteren Buchausgaben nachgedruckten Grußadresse, läßt er keinen Zweifel an seinem Selbstverständnis als Kinderfreund und Autor heiter-unbeschwerter Kinderbücher: „If I have written anything to add to those stores of innocent and healthy amusement that are laid up in books for the children I love so well, it is surely something I may hope to look back upon [...]". Zur erfreulichen Wirkung von *AW* auf Kinder und andere Leser mit kindlichem Herzen sagt er 1885 in einem Brief: „That children love the book is a very precious thought to me, and next to their love I value the sympathy of those who come with a child's heart to what I have tried to write about a child's thoughts".[6] Dem hier angedeuteten Versuch, aus der Perspektive des Kindes zu schreiben, trug er zum Teil mit vorweggenommenen Rezeptionstests Rechnung. Die erste Fassung von *AW* ließ er im Familienkreis von George MacDonald probelesen, um die Wirkung des Textes zu sondieren. Vor der Drucklegung von *LG* ließ er durch eine Umfrage feststellen, wie Tenniels Illustration

[5] Vgl. Petzold, Kap. 3, besonders S. 145 ff. Zeitgenössische Stimmen zur Entstehung einer unterhaltsamen Kinderliteratur, der Wiederbelebung des Märchens und der Wertschätzung von Kinderreimen, Nonsense und anderer Versmagie sind zusammengestellt in: A Peculiar Gift. Nineteenth Century Writings on Books for Children. Hrsg. von Lance Salway. Harmondsworth 1976, Kap. 1—3.
[6] Lewis Carroll: Alice's Adventures under Ground. Hrsg. von Martin Gardner. New York 1965, S. 94. The Letters of Lewis Carroll. Hrsg. von Morton N. Cohen. London 1979, S. 607.

des Ungeheuers Jabberwocky auf empfindsame Kinder wirke, um sich über deren Aufnahme bzw. Plazierung Klarheit zu verschaffen.[7]

Wenn Carroll sich ausdrücklich in die Tradition der Kinderbücher einreiht, so gilt umgekehrt noch sehr viel stärker, daß er einen traditionsbildenden Einfluß ausgeübt hat. Eine literarische Zeiterscheinung, die von den Viktorianern mit kritischen Vorbehalten verfolgt wurde, war die Welle der Alice-Imitationen. Rund hundert Kinderbücher lassen sich ausmachen, denen die Nachahmung Carrolls nachgewiesen werden kann oder doch nachgesagt worden ist. Darunter befinden sich auch bekanntere Werke wie Christina Rossettis *Speaking Likenesses* (1874) und Tom Hoods *From Nowhere to the Northpole* (1875), die beide allerdings durch die Neigung zur Effekthascherei und zum Moralisieren hinter Carroll zurückfallen. Rossetti versetzt ihre Heldin in die Zauberwelt des Traums, um sie in der Auseinandersetzung mit allerlei bizarren Schreckgestalten einen Besserungsprozeß durchmachen zu lassen, während Tom Hood seinen Helden auf die Wunderlandreise schickt, mit grotesken Fabeltieren zusammenführt und eine kalauerfreudige Atmosphäre schafft, um immer wieder seine Gesellschaftssatire anzubringen. Satirischen Zwecken dienten meist auch die zahlreichen Parodien nach dem Muster der Carrollschen Nonsense-Gedichte, die in *Punch* und anderen humoristischen Zeitschriften erschienen. Dabei erfreute sich „Jabberwocky" mit seinen ausgefallenen Sprachspielen besonderer Beliebtheit, sei es aus der Lust am wortschöpferischen Übertrumpfungsversuch, sei es in der Absicht der Verhöhnung so kunstsprachlicher Verstiegenheit. Die animierende Wirkung der Alice-Bücher allgemein und der Nonsense-Verse im besonderen geht deutlich aus den begeisterten Kommentaren von Christina und Dante Gabriel Rossetti zu *AW* hervor: Die Kinderbuchautorin und Lyrikerin betont die Lebendigkeit der kuriosen Wunderlandwesen, von denen sie sich ganz vereinnahmen läßt; der Lyriker und Maler findet in „Father William" und den anderen Gedicht-Verballhornungen der Heldin das Komischste, was ihm seit langem begegnet ist.[8]

---

[7] Vgl. Hudson, S. 117, 153 f.

[8] Zu den Alice-Imitationen und den Parodien vgl. Petzold, S. 89 ff., 131 ff., 252 ff. sowie ders.: Das englische Kunstmärchen im neunzehnten Jahrhundert. Stuttgart 1981, S. 119 ff., 274 ff. Die Äußerungen der Rossettis finden sich bei Hudson, S. 124.

Nach der Bedeutung von *The Hunting of the Snark* befragt, hat Carroll verschiedentlich Auskünfte gegeben, die auch für das Verständnis der Alice-Bücher aufschlußreich sein dürften. Auf die nahegelegten Möglichkeiten, „whether [it] is an allegory, or contains some hidden moral, or is a political satire", antwortet er mit einem emphatischen „I don't know". Grundsätzlicher kommentiert er den Wechselbezug zwischen sprachlich-dichterischem Schaffensprozeß und nachträglicher Ausdeutung des Endprodukts: „I didn't mean anything but nonsense! Still [...] words mean more than we mean to express when we use them: so a whole book ought to mean a great deal more than the writer meant. So, whatever good meanings are in the book, I'm very glad to accept as the meaning of the book".[9] Die Frage bleibt natürlich, wonach sich die ‚guten' Einzelbedeutungen bemessen, welche die Gesamtbedeutung ergeben sollen. Bei aller interpretatorischen Zurückhaltung des Autors gegenüber dem selbstproduzierten Nonsense und bei aller Offenheit gegenüber Auslegungsvorschlägen von seiten der Rezipienten beharrt Carroll auf einem Kriterium der nachträglichen Stimmigkeit, ohne dies freilich genauer zu definieren. Allein gegenüber allzu eindeutigen Versuchen, den Nonsense allegorisch zu entschlüsseln, als Satire zu politisieren oder mit moralischer Sinnbildlichkeit zu befrachten, verwahrt er sich mit Nachdruck. Die Carroll-Kritik hat oft zu geflissentlich, wenn auch grundsätzlich mit gutem Recht, solche Hinweise aus Autormund übergangen oder ihrerseits einseitig ausgelegt, wenn nicht gar gegen den Sprecher gekehrt. Mit besonderer Vorliebe hat man den von Carroll selbst implizierten Anteil des Unbewußten beim Schaffensprozeß zum Ausgangspunkt von Untersuchungen gemacht, wie der zunächst vorherrschende Trend der in den dreißiger Jahren einsetzenden Forschung zeigt.

Nach der Jahrhundertwende rückte Carroll — wohl als Randerscheinung der zurückliegenden viktorianischen Ära — im Bewußtsein der Kritik für längere Zeit in den Hintergrund. Zwar erschienen sporadisch Untersuchungen zum Nonsense allgemein und zu Carroll im besonderen, doch die Beschäftigung mit dem Autor

---

[9] Die Zitate aus „Alice on the Stage" (1887) und einem Brief vom 18. 8. 1884 sind mit anderen Kommentaren zusammengestellt in Lewis Carroll: The Annotated Snark. Hrsg. von Martin Gardner. Revised Reprint. Harmondsworth 1974, S. 21 f.

auf breiterer Basis setzte erneut erst mit der Hundertjahrfeier von 1932 ein. Das Carroll-Jubiläum gab Anlaß für die Herausgabe der Standardbibliographie von S. H. Williams und F. Madan (*A Handbook of the Literature of the Rev. C. L. Dodgson [Lewis Carroll]*, 1931), brachte verschiedene Erstausgaben und Neuauflagen seiner Werke bis hin zu dem vielbenutzten Sammelband von A. Woollcott (*CW*, 1939) und hatte eine Reihe kürzerer Monographien über Leben und Werk des Nonsense-Erzählers zur Folge, von denen Walter de la Mares *Lewis Carroll* (1932) am bekanntesten wurde.[10]

In der spezielleren Forschung lassen sich vor allem zwei neue Trends ausmachen. Die bis in die vierziger Jahre hinein vorherrschende psychoanalytische Richtung ging in völliger Abkehr von der „Innocent Mirth"-Doktrin des 19. Jahrhunderts den freudianischen Motiven und Methoden der Traumbücher nach, verstieg sich dabei aber nicht selten zu unüberprüfbaren und schon gar nicht vom Text her belegbaren Spekulationen. Galt hier das Interesse letztlich mehr der Persönlichkeit des gewiß provozierend sonderbaren Autors, so entdeckte die andere Forschungsrichtung die im Nonsense enthaltenen philosophischen Anspielungen des Berufsmathematikers und -logikers: Auch hier ging es meist weniger um Carrolls literarisches Werk als um den dahinterstehenden Dodgson. Die aufschlußreichsten Arbeiten, die aus beiden Richtungen hervorgingen, erschienen erst in den fünfziger Jahren: Ph. Greenacre machte im Rahmen ihrer psychoanalytischen Vergleichsstudie *Swift and Carroll* (1955) — wenngleich mit Hilfe einer ebenfalls fragwürdigen Sexualsymbolik — auf die Reihe der unterschwellig befremdlichen Züge in den Alice-Büchern aufmerksam, während P. Alexander in seinem philosophischen Aufsatz „Logic and the Humor of Lewis Carroll" (1951) die logische Grundlage der Komik in den Büchern herausarbeitete und deren von Denkkonventionen befreiende Spielstruktur betonte.

Die unterschiedlichen Ergebnisse dieser Beiträge fanden auch weiterhin in der Forschung Beachtung, wie mehr noch die Einzeleinsichten der wohl einflußreichsten frühen Interpretation von W. Empson in *Some Versions of Pastoral* (1935), deren literaturwissenschaftliche Textnähe freilich wiederum von psychologisierenden Tendenzen beeinträchtigt wird. Auch die Einordnung der

---

[10] Aus Gründen der Übersichtlichkeit sind die bibliographischen Angaben verkürzt in den hier folgenden Forschungsbericht eingefügt und im Literaturverzeichnis zu vervollständigen.

Alice-Bücher in die Tradition der Pastoraldichtung wirkt thesenhaft aufgezwungen, hat aber immerhin die Bedeutung eines frühen Versuchs, den weiteren literarhistorischen Zusammenhang zu berücksichtigen. Im Unterschied zu Empsons Bezugnahme auf die Erwachsenenliteratur hatte zuvor schon F. J. Harvey Darton in seinem literarhistorischen Standardwerk *Children's Books in England* (1932) Carrolls wegweisende Bedeutung für die Entwicklung der Kinderliteratur vom vorwiegend belehrenden zum vornehmlich unterhaltsamen Charakter betont: „Alice as Swain" und „Alice and After" lauten die entsprechenden Kapitel bei Empson und Darton. Die Stärke von Dartons Darstellung liegt allerdings eher in der historischen Übersicht bis zu Carroll als in der Charakterisierung der Alice-Bücher selbst und ihrer nachhaltigen Wirkung. Einen wieder etwas spezielleren Einfluß auf die Carroll-Forschung hatte F. B. Lennons Biographie *Victoria Through the Looking-Glass* (1945), deren Titel (bzw. Untertitel in der umbenannten Überarbeitung von 1972) auf die Einbeziehung des Zeithintergrunds verweist, der die auch hier ausgeprägten psychologischen Gesichtspunkte um eine Dimension bereichert, obwohl der Wert der Arbeit in beiderlei Hinsicht wieder eher in anregenden Einzelheiten als in der Überzeugungskraft der hergestellten Zusammenhänge besteht.

Das gilt letztlich auch für die erste umfassend angelegte und mit viel Akribie verfolgte Deutung der Alice-Bücher in A. L. Taylor's *The White Knight* (1952), die eine Vielzahl überraschender Textbeobachtungen macht und differenzierter als frühere Versuche der Hintergrundentschlüsselung vorgeht, doch in der durchgängigen Annahme einer Kirchenstreit-Allegorie kaum überzeugen kann. Eine vergleichbar gründliche Auseinandersetzung mit den Texten von Carroll — und Lear — zeichnet E. Sewells *The Field of Nonsense* (1952) aus, obwohl sie in eine gänzlich andere Richtung zielt: Die erste systematische Untersuchung des Phänomens Nonsense berührt sich eher mit dem philosophischen Ansatz von P. Alexander und gibt in der Herausarbeitung charakteristischer Techniken des in sich geschlossenen Spiels mit Sprache und Literatur zukünftigen werkimmanenten Interpretationen ein Modell an die Hand.

Anfang der fünfziger Jahre waren damit die Hauptrichtungen der Carroll-Forschung etabliert: psychologische, philosophische, literarhistorische, sozialgeschichtliche, gattungstypologische und textanalytische Ansätze standen nebeneinander oder ergänzten sich. Von dieser verbreiterten Grundlage aus konnte sich die Forschung in der Folgezeit weiter auffächern, zu differenzierteren Fragestellungen vorstoßen, die verschiedenen Methoden kombinieren und vereinzelt neue einbeziehen. Schon in den fünfziger Jahren trat eine komparatistische Richtung hinzu, die zugleich offenbart, welche aktuellen Interessen den Aufschwung der Carroll-Forschung motivierten. Denn Carroll wurde nun als Vorläufer der internationalen Moderne entdeckt, auch wenn die vergleichenden Aufsätze von J. S. Atherton über *Finnegans Wake* (1952), A. E. Dyson über den *Prozeß* und das *Schloß* (1956), E. Sewell über T. S. Eliots Lyrik (1958) und Ph. Thody über die Surrealisten (1958) eher Affinitäten (das Joycesche Sprachspiel, die kafkaeske Welt der Instanzen) als Einflüsse (Einzelanregungen bei Eliot, fruchtbare Mißverständnisse bei Breton und Aragon) geltend machen konnten. Die Verknüpfung mit Kafka war insofern besonders bezeichnend, als sie auch einem dem „Existentialismus" zuneigenden Zeitgefühl entsprach.

Wie stark all diese Interpretationstendenzen in die sechziger Jahre hineinwirkten und in welchen Modifikationen sie weiterentwickelt wurden, zeigt etwa D. Rackins Aufsatz „Alice's Journey to the End of Night" (1966), der im Gefolge von N. Fryes Mythopoetik *AW* einer eingehenden Textanalyse unterzieht und aus dem Buch den existentialistischen Entwurf einer chaotischen Welt herausliest, in der die Heldin als Suchende auftritt und die Erzählung eine Entwicklungsstruktur bekommt. Eine solche Deutung kann zugleich die wiederkehrenden kontroversen Standpunkte der Carroll-Forschung veranschaulichen. Wird hier grundsätzlich werkimmanent interpretiert, eine universale Thematik für eine undifferenzierte Leserschaft angenommen, eine groteske Weltverfremdung festgestellt und das Ganze ins Schema eines Entwicklungsromans gepreßt, so kann man anderswo Punkt für Punkt das Gegenteil behauptet finden: nämlich die Bedingtheit der Textmerkmale durch den Entstehungshintergrund, die begrenztere Zugehörigkeit zum Kinder- oder Erwachsenenbuch, die durch die düsteren Momente nur unwesentlich beeinträchtigte komische Grundstimmung, die ausgesprochen fragmentarische Komposition und additive Erzählstruktur ohne erkennbare Entwicklung der Heldin.

Einer der wenigen Forschungsbeiträge, die unterschiedliche Ansätze zu verbinden verstehen, ist H. Levins glänzender Einführungsessay „Wonderland Revisited" (1965), dem mit Umsicht gerade die Andeutung der Komplexität der Bücher gelingt. Ein Nachdruck des Aufsatzes erschien zusammen mit anderen wichtigen oder typischen Beiträgen zur Carroll-Forschung in den von R. Phillips herausgegebenen *Aspects of Alice* (1977), einer Sammlung, die einen guten

Überblick über die Rezeption der Alice-Bücher vermittelt: von frühen Kritiken über die Schwerpunkte der Forschung zwischen Empson und Rackin bis zur Schwelle der siebziger Jahre mit Originalbeiträgen wie J. Bloomingdales „Alice as *Anima*: The Image of Woman in Carroll's Classics" und J. B. Gordons „The Alice Books and the Metaphors of Victorian Childhood". Bloomingdale bereichert die psychologische Forschungstradition um die Jungsche Variante einer archetypischen Deutung, während Gordon um eine möglichst breite Reflexion des Zeithintergrunds bemüht ist; beide entwerten ihre kenntnisreichen Ausführungen durch eine zu assoziative Betrachtung der „Erwachsenen"-Elemente in den Büchern, weisen aber durch ihre Konzentration auf die Bilder der Frau und des Kindes und die stärkere Berücksichtigung des historischen Kontextes auf neuere Schwerpunkte voraus.

Die Carroll-Forschung der Gegenwart hat das Ausmaß einer „Industrie" angenommen und ist kaum noch überschaubar zu machen: Die Sekundärliteratur war Mitte der siebziger Jahre auf über fünfzig Titel pro Jahr angeschwollen, und das Organ der Lewis Carroll Society — *Jabberwocky* (seit 1969) — sorgt allein schon für regelmäßige Beiträge. Die Ausgangslage der Forschung hat sich durch eine Reihe meist hilfreich kommentierter Textausgaben, Faksimile-Nachdrucke, Tagebuch- und Brief-Sammlungen sowie die Reihe der Biographien von D. Hudson bis A. Clark gebessert. Das mag ein spürbar stärkeres Bewußtsein der neueren Forschung für die Ambivalenzen der Texte gefördert haben. In den ergiebigeren Beiträgen sind durchweg eine systematische Konzentration und eine historische Perspektive festzustellen.

Bezeichnend in diesem Sinne sind Monographien wie R. D. Sutherlands *Language and Lewis Carroll* (1970) mit ihrer methodischen Analyse der Sprachauffassungen des Autors und deren Widerspiegelung in der Komik der Werke oder K. Blakes *Play, Games, and Sport* (1974) mit ihrer Entwicklung eines Spielmodells und der Einbeziehung der Spielkultur der Zeit — beides Arbeiten, die vielbemühten und oft lose verknüpften Begriffen der früheren Carroll-Forschung gründlicher nachgehen. Der vielleicht ausgeprägteste Trend der neueren Forschung ist der systematische Versuch, die Alice-Bücher in größere (literar-)historische Entwicklungen einzuordnen. Da gibt es überarbeitete ältere Untersuchungen, die Carroll vornehmlich als den Autor von Kinderbuch-Klassikern im Auge haben, wie P. Coveneys *The Image of Childhood* (1967), die sozialkritisch die Wandlungen des Kinderbildes in der Literatur des 19. Jahrhundert verfolgt, und R. L. Greens *Lewis Carroll*

(1968) und *Tellers of Tales* (1969), die eher biographisch und gattungsgeschichtlich ausgerichtet sind. Die Carroll-Forschung profitiert hier offenbar wiederum von aktuellen Vorlieben. Ein merklich gewachsenes Interesse für das Kind in der Literatur und zumal der Kinderliteratur äußert sich in zahlreichen Studien allgemeineren Inhalts.[11] Diese Tendenz trifft sich mit einer durch die zeitgenössische Erzählliteratur von Mervyn Peake bis Angela Carter nahegebrachten Wiederentdeckung des Phantastischen in der englischen Literatur; und von daher hat man auch versucht, eine entsprechend subversive Tradition zurückzuverfolgen.[12] Ähnlich arbeitet St. Prickett in *Victorian Fantasy* (1979) eine Gegenströmung zur vorherrschend realistischen Erzählliteratur heraus. Werden hier die Alice-Bücher zwar dem Nonsense zugeordnet, aber doch mit den märchenhaften Erzählungen von Charles Kingsley und MacDonald in Verbindung gebracht, so gilt dieser der Kinderliteratur ähnlich nahestehenden Gattung und ihrer Entwicklung in R. Sales *Fairy Tales and After* (1978) und D. Petzolds *Das englische Kunstmärchen im neunzehnten Jahrhundert* (1981) das Hauptaugenmerk. Das für die phantastische Literatur so typische Verwandlungsmotiv untersucht I. Massey in seiner komparatistischen Studie *The Gaping Pig: Literature and Metamorphosis* (1976) anhand der Alice-Bücher und anderer Texte des 19. Jahrhunderts. Daß synoptische Untersuchungen freilich auch bei ähnlicher Themenstellung zu recht unterschiedlichen Einschätzungen der Alice-Bücher kommen können, zeigen zwei Studien zur Komik-

---

[11] Zum Kind in der Literatur, einschließlich der Kinderliteratur, vgl. nach Coveney folgende neuere Untersuchungen: David Grylls: Guardians and Angels. Parents and Children in Nineteenth Century Literature. London 1978; Robert Pattison: The Child Figure in English Literature. Athens, Ga., 1978. Speziell zur Kinderliteratur: Gillian Avery (with Angela Bull): Nineteenth Century Children. Heroes and Heroines in English Children's Stories 1780—1900. London 1965, ein Überblick über Themen und Tendenzen; Virginia Haviland (Hrsg.): Children and Literature. Views and Reviews. London 1973, eine nützliche Sammlung; Nicholas Tucker: The Child and the Book. A Psychological and Literary Exploration. Cambridge 1981, eine Gattungstypologie nach Lesealterstufen; Fred Inglis: The Promise of Happiness. Value and Meaning in Children's Fiction. Cambridge 1981, eine historisch ausholende, sozialkritisch engagierte Untersuchung; J. S. Bratton: The Impact of Victorian Children's Fiction. London 1981, eine Analyse der Massenliteratur für Kinder.

[12] Vgl. dazu etwa Rosemary Jackson: Fantasy. The Literature of Subversion. London 1981.

tradition: Während A. K. Mellor in *English Romantic Irony* (1980) Carroll zum Pessimisten macht, sieht ihn R. M. Polhemus in *Comic Faith: The Great Tradition from Austen to Joyce* (1980) vor allem als Humoristen.

Die deutsche Carroll-Forschung hat sich bisher fast ausschließlich — und sehr viel gründlicher als die anglo-amerikanische — mit Carroll als einem der beiden Hauptvertreter des Nonsense beschäftigt. Dabei mögen Gesichtspunkte der herausfordernden Fremdartigkeit wie der förderlichen sprachlich-kulturellen Distanz einen Anreiz gebildet haben (wenn nicht die Neigung, noch den „Unsinn" mit systematischem Ernst anzugehen). Wie dem auch sei, die unterschiedlichen Ansätze und Ergebnisse zeigen, daß man hier kaum verallgemeinern kann. Der Rahmen spannt sich wiederum von werkimmanenten Ansätzen und existentialistischen Akzenten bis zur historischen Betrachtung unter psychoanalytischen oder sozialkritischen Vorzeichen. A. Schönes Aufsatz „Humor und Komik in Lewis Carrolls Nonsense-Traummärchen" (1954) betont die tendenzfrei spielerische Komik in der unsicheren Grundsituation des Traums, während A. Liedes große Bestandsaufnahme der „Unsinnspoesie an den Grenzen der Sprache" in *Dichtung als Spiel* (1963) für Carroll das Spiel mit der Bildung als Abwehr einer unterschwellig andrängenden chaotischen Welt hervorhebt. R. Hildebrandts Überblick *Nonsense-Aspekte der englischen Kinderliteratur* (1970) typologisiert den Nonsense von Lear und Carroll in umsichtigen Abgrenzungen und stellt ihn in den historisch weit verfolgten Kontext der Kinderliteratur. D. Petzolds Studie *Formen und Funktionen der englischen Nonsense-Dichtung im 19. Jahrhundert* (1972) ergänzt Hildebrandt wesentlich um den Kontext der humoristischen Zeitschriftenliteratur und vor allem wirkungsästhetische Gesichtspunkte sowie historische Zusammenhänge. K. Reicherts „Studien zum literarischen Unsinn" in *Lewis Carroll* (1974) analysieren von marxistischen, freudianischen und sprachanalytischen Ansätzen her den Nonsense-Autor auf oft brillante, aber doch auch weitgehend essayistisch-spekulative Weise als unwillkürlichen Vorläufer der Moderne, wobei viele der Forschungsansätze auf eigenwillige Weise miteinander verbunden und fortgeführt erscheinen.

Außerhalb der literarischen Kritik setzte sich die bereits im 19. Jahrhundert ungewöhnlich vielseitige Rezeption der Alice-Bücher eher noch gesteigert fort. Übersetzungen in mehr als 50 Sprachen — einschließlich des Pitschantschatschara (1975), eines australischen Eingeborenendialekts — haben *AW* in den letzten Winkel der Welt gebracht. Wiederholte Übertragungsversuche in einer Sprache zeugen vom immer erneuten Reiz wie den wiederkehrenden Schwierigkeiten der Anverwandlung. Im Deutschen allein existierten — laut W. Weavers *Alice in Many Tongues* (1964) — schon vor 1963 vierzehn Übersetzungen von *AW* und zwei von *LG,* und inzwischen sind sieben von *AW* und zwei von *LG* hinzugekommen. Daß hier, abgesehen vom Übersetzertalent und dem Geschmackswandel, grundsätzliche Probleme der Eignung der Zielsprache (Wortspiele) und des kulturellen Hintergrunds (Anspielungsbereiche) auftauchen, liegt auf der Hand. Wenn die Übersetzung von *AW* ins Russische (1923) gerühmt wird, so hat das etwas mit der Tatsache zu tun, daß sich hinter dem Übersetzerpseudonym „V. Sirin" kein geringerer als Vladimir Nabokov verbirgt, aber gewiß auch mit dem Umstand, daß die Aufgabe in diesem Fall leichter war als bei der Übertragung ins Suaheli, die nur entfernt einen Eindruck vom Original vermitteln kann. Zugleich verdeutlicht diese afrikanische „Alice", wie weit die Funktion der bei Übersetzungen häufig miteinbezogenen einheimischen Illustratoren gehen kann: In entsprechender Bild-Übertragung erscheint hier eine schwarze Heldin in veränderter Umwelt (der Hatter mit fezartiger Kappe, eine Schildkröte statt des Hasen). Es gibt „Alice" in Esperanto und auf Latein, in Blindenschrift und auf Schallplatten, in Kurzschrift und in Schulausgaben verschiedenen Schwierigkeitsgrades, in Spezialausgaben mit durchgängig philosophischen oder psychedelischen Kommentaren und in textlich locker anknüpfenden Rätsel- und Zauber- oder Kochbüchern. Es gibt sie vor allem in einer schier endlosen Reihe illustrierter Ausgaben. Obwohl Tenniels Zeichnungen für die Originalausgaben in mancher Hinsicht unübertroffen sind (und auch am häufigsten reproduziert werden) und obwohl Carrolls eigene Zeichnungen in der handschriftlichen Urfassung ihren besonderen Aufschlußwert besitzen, haben sich andere Zeichner im Verlaufe der Zeit von den Texten immer wieder zu neuen Illustrationen anregen lassen. Allein im angelsächsischen Raum ließen sich über hundert anführen, von denen Arthur Rackham (1907) und Ralph Steadman (1967) im — erwachsenen — Betrachter den künstlerisch stärksten Eindruck hinterlassen, aber auch Charles Robinson (1907), Willy Pogany (1929) und Mervyn Peake (1954) mit eigenwillig zeitgemäßen Illustrationen hervorgetreten sind, und aus neuester Zeit ist hier Barry Moser (1982) zu nennen.[13]

In zahllosen Versionen ist „Alice" auf die Bühne gebracht worden. Die Spanne reicht dabei vom Puppenspiel bis zum Ausstattungs-Musical, von der Amateuraufführung bis zur weihnachtlichen Festaufführung im Royal Shakespeare Theatre (Stratford). Innerhalb kürzester Zeit wurden dem New Yorker Publikum das afro-amerikanische Soul-Musical *But Never Jam Today* (1969) und das aufsehenerregende Theaterexperiment von André Gregorys Manhattan Project (1970) präsentiert. Daß die Massenmedien die Bücher entdecken würden, stand zu erwarten: Zu den Dramatisierungen kamen seit 1903 Verfilmungen und später Bearbeitungen für Funk und Fernsehen. Eine Verfilmung beider Bücher von Norman McLeod (*AW*, 1934) zielte mit ihrer Starbesetzung (Gary Cooper als White Knight, Cary Grant als Mock Turtle, W. C. Fields als Humpty Dumpty usw.) auf den garantierten Publikumserfolg, blieb aber ebenso hinter der Buchvorlage zurück wie die gleichnamige Trickfilmversion von Walt Disney (1951). Insgesamt existieren über zwei Dutzend Ganz- oder Teilverfilmungen. Für die BBC wurde 1966 von Jonathan Miller eine viel beachtete Fernsehbearbeitung von *AW* produziert (mit Malcolm Muggeridge, John Gielgud, Peter Sellers); es folgten James MacTaggarts Bearbeitung von *LG* und Anthony Cornishs Hörspielfassung von *AW* (beide 1973).

Hatten Gregory mit seiner kooperativen Truppe und Miller mit seinem prominenten Team besonders das psychologische Potential des Kinderbuchs herausgeholt und in eine aktuelle Erwachsenenwelt übertragen, so versuchte man von anderer Seite, eine Erwachsenengeschichte an die Grundstruktur des Kinderbuchs anzulehnen, wie etwa in Paul Mazurskys Film *Alex in Wonderland* (1972) über einen Filmregisseur, der sich während seiner Schaffenskrise in eine Traumwelt flüchtet.

Auch im musikalischen Bereich haben die Alice-Bücher sich ausgewirkt: Vertonungen gibt es in den unterschiedlichen Formen des

---

[13] Vgl. The Illustrators of Alice in Wonderland and Through the Looking Glass. Hrsg. von Graham Ovenden. Introduction John Davis. Revised Edition. London 1979.

Liedes, der Kantate, der Suite und des Balletts. Das reicht bis hin zu der Serie von David del Tredicis Vertonungen, die thematisch und technisch spannungsvolle Verschränkungen erzeugen: Ein *Pop-Pourri* (1968) für Sopran, Rock-Gruppe, Chor und Orchester läßt die Gedichte „Turtle Soup" und „Jabberwocky" mit kirchenmusikalischen Texten (Litanei an die Jungfrau Maria, Bach-Kantate „Es ist genug ...") alternieren; und die *Scenes and Arias from Alice in Wonderland* (1969—76) für Sopran, Folk-Gruppe und Orchester mit den Teilen „Lobster Quadrille", „Return of Alice", „Vintage Alice", „Final Alice", „Adventures Underground", „In Wonderland" und „Annotated Alice" stellen auf ähnliche Weise jeweils unterschiedliche Kontexte her. „Vintage Alice" beispielsweise ist eine „Fantascene" über die verrückte Teegesellschaft, die Carrollsche Textpassagen mit anderen viktorianischen Materialien verbindet. Auch im Bereich der Pop-Musik selbst kam es zu so bekannten Alice-Adaptationen wie Grace Slicks „White Rabbit" (1966), einer Rock-Hymne der psychedelischen Subkultur.

Innerhalb der Literatur kann die schöpferische Nachwirkung der Alice-Bücher in dreierlei Richtung verfolgt werden. Eine stattliche Reihe von Autoren der internationalen Moderne weisen direkt oder indirekt auf Carroll zurück und lassen ihn so auch als bedeutenden Neuerer in der Entwicklung der „hohen" Literatur erscheinen, während die bereits im 19. Jahrhundert entwickelten Traditionen einer Nonsense und Phantastik betonenden Kinderliteratur und einer Erwachsenenliteratur, die den Nonsense als gehobene Unterhaltung pflegte oder in parodistischer Anlehnung an die Bücher Zeitsatire betrieb, weiterliefen. Von den Surrealisten, die Carroll als subversiven Dichter der kindlichen Traumwelt und des Spiels mit der Sprache programmatisch vereinnahmten, bis zu Arno Schmidt, der ihn als sprachspielerischen Erzähler des menschlichen Inneren mit konsequenter Bezugnahme auf die Außenwirklichkeit gar zum „Kirchenvater aller modernen Literatur" hochstilisierte, haben sich wiederholt Autoren auf ihn berufen.[14] Wie oft in solchen rückwärtigen Entdeckungen besagen freilich auch diese Identifikationen mehr über das Selbstverständnis der Nachfolger als über die Eigentümlichkeit des Vorläufers. Dies um so mehr, als beispielsweise Breton und Aragon nicht nur überstrapa-

---

[14] Zu Carrolls Einfluß auf den Surrealismus vgl. besonders Rüdiger von Tiedemann: Alice bei den Surrealisten. Zur Rezeption Lewis Carrolls. In: arcadia 17 (1982), S. 61—80. Schmidts Apostrophe findet sich in einem Essay über *Sylvie and Bruno* in Arno Schmidt: Trommler beim Zaren. Karlsruhe 1966, S. 257.

zierte, sondern auch durchaus unterscheidbare Standpunkte zugrunde legten (einmal einen mehr psychoanalytischen, einmal einen
mehr sozialkritischen), vom Unterschied zu einem Einzelgänger
wie Schmidt ganz zu schweigen.

Andererseits kehren doch auch bestimmte Züge des Carrollschen
Werks in den ausdrücklichen Hinweisen der Autoren wie im Ver-
weispotential ihres Schaffens wieder: Schließlich ist es nicht die
Moderne schlechthin, die hier Verbindungen erkennen läßt. Sieht
man einmal von den thematischen Alice-Gedichten anglo-amerika-
nischer Autoren wie W. H. Auden, Robert Graves, Allen Tate und
Denise Levertov ab, so scheint es sich vornehmlich um Formexperi-
mente von Autoren zu handeln, die den stark einbezogenen psy-
chischen Bereich zur groteskkomischen Verfremdung der Wirklichkeit verwenden und das Spiel mit der Sprache wie den parodistischen Umgang mit der Literatur einer nahezu mathematischen
Methode und kalkulierenden Ironie unterordnen. Die Anspielungen auf Carroll, die durchgängige Traumtechnik und das manipu-
lative Sprachspiel sind auffällige Züge, die Joyces *Finnegans Wake*
(1939) mit *Zettels Traum* (1970) von Schmidt verbinden. Vladimir
Nabokov und Raymond Queneau benutzen ihre — ganz unvikto-
rianisch mädchenhaften — Titelheldinnen in *Lolita* (1955) und
Zazie dans le métro (1959) als Symbolfigur bzw. Perspektivträ-
ger zur parodistisch-satirischen Verfremdung ihrer modernen Umwelten. Mit Jorge Luis Borges teilt Nabokov die Carrollsche Vorliebe für die Motivik von Spiegel, Schach und anderen Spielen,
Labyrinthen, Verdoppelungs- und Verwandlungseffekten. Die
Andeutung solcher Anspielungen und Parallelen ließe sich un-
schwer fortsetzen, ohne daß damit schon viel über die Nachhaltig-
keit der Einflüsse und die Vergleichbarkeit der Grundkonzepte
ausgesagt wäre.[15]

Die Kinderliteratur des 20. Jahrhunderts hat die Anregungen der
Carrollschen Klassiker vielfach aufgegriffen und weiterentwickelt.
Schon Ende des 19. Jahrhunderts taucht das für die Traditionsbil-
dung so typische Motiv des Rückverweises auf das klassische Modell auf, wenn Charlotte in Kenneth Grahames *The Golden Age*

---

[15] Die Begrenztheit solcher Parallelen wird vollends deutlich, nimmt
man die heterogene Reihe der Autoren und Werke hinzu, die sonst noch
mit den Alice-Büchern in Verbindung gebracht werden: Gerald Manley
Hopkins (*Poems*, 1918); Fernando Arrabal (*Pique-nique en campagne*,
1958); Joseph Heller (*Catch 22*, 1961); Julio Cortázar (*Historias de
cronopios y famas*, 1962); Edward Albee (*Tiny Alice*, 1964).

(1895) ihren Puppen die Geschichte von Alice erzählt.[16] Grahames eigener Klassiker *Wind in the Willows* (1908) und andere Kinderbücher, die Wunderländer mit sonderbaren Tieren entwerfen und Sprachkomik ins Spiel bringen, stehen weitläufig in Carrolls Tradition. Nicht selten sind sie in Fortsetzungen oder ganzen Reihen erfolgreich gewesen: so A. A. Milnes *Pooh*-Bücher (1926 bis 1928) in England, L. F. Baums Serie der Oz-Bücher (1900 ff.) und Hugh Loftings lange Reihe der Dr. Doolittle-Bücher (1920 ff.) in Amerika. War die Verbindung von Phantastik und Nonsense bei Milne besonders ausgeprägt, so findet sich beides auch in der Kinderlyrik von Walter de la Mare (der ja u. a. auch eine Carroll-Studie verfaßt hat). Doch werden hier höhere poetische Ansprüche gestellt, die letztlich auf ein älteres Publikum zielen.

Vollends im Bereich der Erwachsenenliteratur befinden wir uns wieder mit der parodistischen Übertreibungskomik des Kanadiers Stephen Leacock, der erklärt hat, *AW* geschrieben zu haben wäre ihm lieber gewesen als die *Encyclopedia Britannica:* Eine entsprechende Disposition mag man der mit *Literary Lapses* (1910) einsetzenden Reihe seiner humoristischen Bücher entnehmen.[17] Die im 19. Jahrhundert geübte Praxis, Motive oder Handlungsmuster der Alice-Bücher mit ihren allseits bekannten und entsprechend vorbelasteten Nonsense-Gestalten parodistisch zur Zeitsatire zu verwenden, wurde weiterhin, wenn auch selten mit großem Einfallsreichtum, benutzt: Zwischen der innenpolitischen Tageskritik von Charles Geake und F. Carruthers Gould in *John Bull's Adventures in the Fiscal Wonderland* (1903), wo etwa Balfour als Humpty Dumpty und March Hare erscheint, und der weltpolitischen Systemkritik an Rotchina in Huang Chun-Sins *Alice in Manialand* (1959), wo zugleich naheliegende Anleihen bei Orwell gemacht werden, gab es viele Satiren ähnlicher Machart. Am wirkungsvollsten erwies sich in dieser Hinsicht E. B. White mit seiner für den *New Yorker* verfaßten und unter dem Titel *Alice through the Cellophane* (1933) gesammelten Folge pointenreicher Glossen zur Krise der amerikanischen Konsumgesellschaft, die ihre Käuferunschuld verloren hat, seit ihr die überflüssigen Industrieprodukte in Cellophanverpackung befremdlich transparent geworden sind. In diesem Stil wortspielerischer Einzelbilder fordert White, der ja auch zu den bedeutendsten Kinderbuchautoren Amerikas gehört,

---

[16] Kenneth Grahame: The Golden Age. London 1899, S. 54 ff.
[17] Stephen Leacock: Sunshine Sketches of a Little Town. Toronto 1970, S. XV.

ein gerüttelt Maß kindlicher Einbildungskraft und fröhlicher Anarchie als Gegengewicht zum Maschinenzeitalter.

In der bildenden Kunst haben die Alice-Bücher nicht nur speziell die Buchillustratoren angeregt, sondern auch die Maler und Graphiker im weiteren Sinne. Das gilt wiederum ganz besonders für die Surrealisten. Salvador Dali hat 1969 eine Mappe mit Illustrationen zu *AW* geschaffen: zwölf Holzschnitte auf farbigen Heliogravüren zu je einem Kapitel mit entsprechend ikonographischen Teilelementen und eine Gravierung als Titelbild zur Erzählsituation und Rahmenhandlung. In den Kapitel-Illustrationen taucht Alice durchweg als seilspringende Miniaturerscheinung in einer von Tier- und Gegenstandsmotiven beherrschten Bildwelt auf, die zugleich bekannte Vorlieben Dalis variieren (spinnenartiges Getier, Insekten in ihren Entwicklungsstadien, Teetisch mit lappig hängender Platte, Figuren mit Fischleibern usw.). Max Ernst hat unter dem Titel *Lewis Carrolls Wunderhorn* (1970) Farb-Lithographien zu verschiedenen Carroll-Passagen herausgebracht, die jedoch keinen eindeutigen ikonographischen Bezug zum Text erkennen lassen. In früheren Bildern war dies schon eher der Fall: So kann man auf seinem 1957 entstandenen Bild „Pour les amis d'Alice" eine Anspielung auf die Cheshire Cat vermuten. In René Magrittes „Alice au pays des merveilles" von 1946 ist sogar ein regelrechtes Bildzitat enthalten: Tenniels Hammelkeule erscheint dort weiter verfremdet zur fratzenhaften Birne.[18] Eine neuere moderne Kunstrichtung, die sich von der bildträchtigen Volkstümlichkeit der Alice-Bücher anregen ließ, ist bezeichnenderweise die Pop-Art. Hier muß vor allem Peter Blake genannt werden, ein Hauptvertreter der britischen Pop-Art, der 1970 eine Folge bemerkenswerter Aquarelle zu Carrolls Klassikern gemalt hat.

Ein Sonderbereich der Graphik hat sich die Popularität der Alice-Bücher und zumal ihrer Illustrationen in ähnlicher Weise zunutze gemacht wie die Parodisten und Satiriker — die Karikatur. Hinter beiden Formen der Anverwandlung steht die Tradition von *Punch*. Überhaupt spielen die Presse und die neueren Massenmedien in der Verwendung und Verbreitung der Alice-Texte — oder besser gesagt: der zu Pointen verwertbaren Stellen — eine zentrale Rolle. Auch im Reklamewesen haben Texter und Graphiker häufig ihre Gags den Alice-Büchern entnommen. Die Guinness-Brauerei, die in dieser Branche seit langem zu den einfallsreichsten Unternehmen

---

[18] Zu den beiden Bildern von Ernst und Magritte vgl. Tiedemann, S. 66 ff.

gehört, hat es nicht versäumt, in typischen Wortspielen und Bild-effekten das vorgegebene Material *pro domo* abzuwandeln: Kost-proben davon („How doth the goodly Guinness glass/Improve each dining hour!") sind sogar in Buchform erschienen.[19] Daß Alice-Texte und mehr noch die Bilder weiterhin Eingang in die Produkte der Konsumgüterindustrie finden würden und in der Form von Teegeschirren, Grußkarten, Nippesfiguren, Dekostoffen, Spielzeug usw. alltäglich sichtbar geblieben sind, versteht sich von selbst.

Ein wiederum gänzlich anderes Gebiet, in dem die beiden Bücher sich besonderer Beliebtheit erfreuen, ist die Philosophie, zumindest in den angelsächsischen Ländern. Zu reizvoll muß es vielen Philoso-phen erscheinen, ihre abstrakten Ausführungen mit der illustrati-ven Übernahme der verspielten Paradoxien und kuriosen Denk-sportaufgaben des Logikers Carroll zu würzen, der ja selber in seinen wissenschaftlichen Werken entsprechend mit gutem Beispiel vorangegangen ist. Bekannte Philosophen wie G. E. Moore, Ber-trand Russell und Ludwig Wittgenstein haben anspielungsreich auf ihn Bezug genommen, und viele sind ihnen gefolgt: In mindestens 50 Werken philosophischer Art hat Alice ihre Spuren hinterlas-sen.[20]

Von so fachsprachlichen Spezialitäten reicht wiederum die stilisti-sche Nachwirkung der Texte bis in die denkbar größte Breite: Nicht zuletzt ist Alice in den Bereich der Alltagssprache eingedrungen. Zitate wie „curiouser and curiouser", „jam tomorrow and jam yesterday — but never jam today", *„there's* glory for you" oder „as large as life, and twice as natural" haben quasi den Charakter von Redewendungen angenommen; und „'Twas brillig, and the slithy toves" ist als Eingangsvers von „Jabberwocky" zum Parade-beispiel für den Nonsense schlechthin geworden, während Tweedle-dees spitzfindiger Einwand als Inbegriff sprachspielerischer Logelei gelten kann: „if it was so, it might be; and if it were so, it would be: but as it isn't, it ain't. That's logic." Wie ein Blick in die ein-schlägigen Zitatenlexika erkennen läßt, sind es vor allem die Gedicht-Parodien und die sprachspielerischen Effekte, in zweiter

---

[19] Zur Beliebtheit der Alice-Bücher in der Sprache der Medien vgl. Alleen Pace Nilson: Children's Literature & Mass Media. In: School Library Journal 23 (1977), S. 106 ff. Zur Guinness-Reklame vgl. Jabber-wocky Re-Versed and other Guinness Versions. Dublin 1935, sowie wei-tere Sammlungen gleicher Art.
[20] Peter Heath (Hrsg.): The Philosopher's Alice. London 1974, S. 247 ff.

Linie die Paradoxien, Absurditäten und obsessionellen Wendungen der Figuren, die sich einen Platz im Zitatenschatz gesichert haben. Von der zitatwürdigen Textmenge her gesehen scheint übrigens *LG* sich als ergiebiger erwiesen zu haben, während vom kontextuellen Vertrautheitsgrad zweifellos *AW* der Vorrang gebührt.

Wenn man all diese Nachwirkungen der Alice-Bücher — von der hohen Literatur bis zur massenhaften Vermarktung, vom allgegenwärtigen nationalen Kulturgut bis zu seiner internationalen Ausstrahlung, vom literaturkritischen Echo bis zu den kreativen Anverwandlungen in den anderen Künsten, vom philosophischen Beispiel-Reservoir bis zum alltäglichen Zitatenschatz — verfolgt, fragt man sich, wie je zwei „Kinderbücher" so nachhaltig und vielseitig rezipiert werden konnten. Immerhin deuten die Widersprüchlichkeit interpretatorischer Beschäftigung mit den Texten und ihre oft willkürliche Adaptation in anderen Formen der Rezeption an, daß gerade in der schier unbegrenzten Vieldeutigkeit ein Gutteil ihres Reizes liegt, der sich zu einer Breitenwirkung besonderer Art addiert. Welcher Deutungsspielraum gegeben ist, läßt sich nur den Texten selbst und den Bedingungen ihrer Entstehung entnehmen — dieser Frage nach der anderen Seite des literarischen Kommunikationsprozesses soll im Folgenden nachgegangen werden.

II. Entstehungsgeschichte, Leben und Werk

1. Die Texte und ihre Fassungen

Auf den Entstehungshintergrund der Alice-Bücher macht Carroll selbst in den Geleitversen aufmerksam. Sie evozieren mit Nuancen der Wehmut jenen denkwürdigen Oxforder Bootsausflug vom 2. Juli 1862, bei dem er den kleinen Liddells die Stegreifgeschichte erzählte, aus der *AW* hervorgegangen ist. Zur Gunst der Stunde gehörte offenbar die intime, gelöste, träumerische Atmosphäre im dahintreibenden Ruderboot: Der Mathematikdozent und Kindernarr fand in Lorina (13), Alice (10) und Edith (8 Jahre) eine von ihrer Gouvernante Miss Prickett befreite Zuhörerschaft (nur der gutmütige Kollege Duckworth war noch mit von der Partie); und gleichgültig ob nachträglich aufgeheitert oder nicht (der meteorologische Befund ist hier umstritten), erscheint der „goldene Nachmittag" verklärt zu einer Art Schwebezustand, der noch die Gegenwart mystifizierend mit der Kindheit verbindet. Daß die Szene bei aller nostalgischen Fiktionalität Aufschlüsse über die tatsächlichen Umstände der ursprünglichen Erzählsituation gibt, geht aus weiteren Erinnerungen von Carroll und den übrigen Ausflüglern hervor.[1]

An dem Einleitungsgedicht von *AW* bemerkenswert ist zunächst die archetypische Ausgangssituation der kindlichen Aufforderung ‚Erzähl uns eine Geschichte!' und die Reaktion des Erzählers, der sich mit etwas gespieltem Unwillen zum Fabulieren überreden läßt und auch beim Versiegen des Erzählflusses zur unmittelbaren Einlösung des ‚Fortsetzung folgt' angetrieben werden kann. Das vergnügliche Wechselspiel von spontan bekundeter Erwartung und erzählerischer Faszinationskraft bringt nicht nur die Geschichte recht eigentlich erst in Gang, sondern macht auch auf die Befriedigung ganz bestimmter Unterhaltungs- und Wissensbedürfnisse aufmerksam: Nonsense wird als besondere Zutat gefordert; Er-

---

[1] Vgl. den Anhang in Lewis Carroll: Alice in Wonderland. Hrsg. von Donald J. Gray. New York 1971, S. 271 ff. Zur Textgenese allgemein vgl. Roger Lancelyn Green: Lewis Carroll. Revised Edition. London 1968, Kap. 3.

zähltes wird durch unablässiges Nachfragen wohl präzisiert, ausgemalt, umgelenkt — Momente, die auf unterschiedliche Weise in *AW* eingegangen sind. Kennzeichnend für die Altersgruppe der Kinder ist vor allem auch die Mischung aus phantasiebeflügeltem Nachvollzug der Abenteuer im Wunderland mit seinen Fabelwesen und einem nurmehr „halben" Glauben an den Wahrheitsgehalt der Fiktion, das heißt aber zugleich: im Maße des Verlusts an kleinkindlicher Naivität ein spielerisches Sich-Einlassen auf die Einbildungskraft. Ein gleichsam aktives Pendant dazu ist Alices Rollenspiel im „Let's pretend", dem auslösenden Handlungsmoment des Erzählrahmens von *LG*, jenes allmählichen Übergangs von der Wirklichkeit der Wohnstube in die Traumwelt des Spiegellandes.[2]

In den Gedichten, die vor- und nachwortartig das Folgebuch begleiten, kehrt das Motiv der sonnigen, verträumten Stimmung wieder, doch der gewachsene zeitliche Abstand läßt einen melancholisch-persönlichen Ton aufkommen. In beiden Gedichten bringt Carroll die Vergänglichkeit solchen Erlebens wie des Lebens überhaupt zum Ausdruck und rückt die wirkliche Alice als Adressatin stärker in den Mittelpunkt. Das Vorwort-Gedicht kündigt die ‚Liebesgabe eines Märchens' an, die echohaft die einst zum Ruderrhythmus begonnene Erzählung fortsetzen und so noch einmal eine Verbindung zu der in zeitlicher Distanz entrückt erscheinenden Alice herstellen soll. Das Nachwort-Gedicht versucht von der verblichenen Erinnerung an den Ausflug über die schemenhafte Gegenwart der vollends verklärten Alice zum kindlichen Publikum der Zukunft eine Brücke zu schlagen; und in einer — etwas dick aufgetragenen — suggestiven Stilisierung (Gebrauch der Verlaufs-

---

[2] Zur altersgemäßen Anmeldung bestimmter Erwartungen gegenüber Geschichten, zur Übergangsphase einer relativen Trennung von Realität und Fiktion und zum früh entwickelten Sinn für Nonsense als einer ‚einfachen Umkehrung des Wirklichen' vgl. Arthur N. Applebee: The Child's Concept of Story. Ages Two to Seventeen. Chicago 1978, S. 36 ff. Ähnlich konstatiert Tucker bei den etwa Siebenjährigen eine besondere Empfänglichkeit für märchenhafte Erzählungen, die mit ihren elementaren Themen charakteristische Kindheitsträume ansprechen (Kap. 3), und bei den Sieben- bis Elfjährigen eine ausgeprägte Vorliebe für märchenhaft belebte Spielzeugländer und vermenschlichte Tierreiche, parallel zur wirklichen Welt existierende Wunderländer und zumal vertraute Umwelten, die mit tagträumerischen Abenteuern versetzt sind und so kindlichen Überlegenheitsphantasien wie Rollenspielen Raum geben (Kap. 4). Auf nahezu exemplarische Weise finden sich solche Interessen und Methoden in den Alice-Büchern vereint und abgewandelt.

form, Verdichtung der Klangmagie von Dreireim, Anapher, Asso-
nanz, Liquidenkonsonanz) mit Hilfe des Topos vom Leben als
Traum gleichsam in die Unendlichkeit fortzuschreiben:

> In a Wonderland they lie,
> Dreaming as the days go by,
> Dreaming as the summers die:
>
> Ever drifting down the stream —
> Lingering in the golden gleam —
> Life, what is it but a dream? (S. 345)

Wir wissen, daß Carroll die ursprüngliche Stegreifgeschichte auf
Alice Liddells Wunsch hin niederschrieb, wenn auch zunächst nur
sehr skizzenhaft, und daß er sie zumindest bei einem weiteren
Ausflug mündlich fortsetzte, bevor er an die eigentliche schriftliche
Ausarbeitung von *AW* ging. Sein erzählerisches Verfahren war von
Anfang an planlos und blieb weitgehend additiv, wie er selbst
betont: Die Bemühung, der improvisierten Anfangsidee so etwas
wie ein neues Märchen abzugewinnen, lief im wesentlichen auf ein
„Auswachsen" der im Grundstock solchen Erzählmaterials enthaltenen Möglichkeiten hinaus: „in a desperate attempt to strike out
some new line of fairy-lore, I had sent my heroine straight down a
rabbit-hole, to begin with, without the least idea what was to
happen afterwards", erinnert sich Carroll später, und weiter: „In
writing it out, I added many fresh ideas, which seemed to grow of
themselves upon the original stock; and many more added themselves when, years afterwards, I wrote it all over again for publi-
cation".[3] Auch die Ausarbeitung und noch die Überarbeitung erscheinen eher als Prozesse eines weiterführenden Assoziierens und
einer sich verselbständigenden Textgestaltung. Angesichts dieser
Entstehungsmerkmale ist zweierlei hervorzuheben. Einmal wird
man von einer so entstandenen Geschichte kaum mehr als eine epi-
sodenhafte Grundstruktur erwarten können: Vom angedeuteten
Handlungsgerüst des Wegs zum Garten und der stärker verknüpften Garten-Kapitel abgesehen, sind denn auch große Teile des
Buchs austauschbar. Sodann schöpft diese unwillkürliche Anreiche-
rung mit punktuellen Einfällen offenbar aus dem Repertoire des
routinierten Kinderunterhalters und der spielerischen Passion des
tüftelnden Logikers.
In Carrolls Schaffensprozeß lassen sich folgende Stadien bis zur
Endfassung von *AW* unterscheiden: Ein halbes Jahr nach der Stegreifgeschichte lag die erste Niederschrift von *Alice's Adventures*

---

[3] „Alice on the Stage", nachgedruckt in der Ausgabe von Gray, S. 281 f.

"The Queen of Hearts she made some tarts
All on a summer day:
The Knave of Hearts he stole those tarts,
And took them quite away!"

"Now for the evidence," said the King, "and then the sentence."

"No!" said the Queen, "first the sentence, and then the evidence!"

"Nonsense!" cried Alice, so loudly that everybody jumped, "the idea of having the sentence first!"

"Hold your tongue!" said the Queen.

"I won't!" said Alice, "you're nothing but a pack of cards! Who cares for you?"

At this the whole pack rose up into the air, and came flying down upon her: she gave a little scream of fright, and tried to beat them off, and found herself lying on the bank with her head in the lap of her sister, who was gently brushing away some leaves that had fluttered down from the trees on to her face.

Abb. 1

Abb. 2

Alices Konfrontation mit der unbeherrschten Herzkönigin im letzten Teil
von *AW:* einmal am Ende der Gerichtsszene in Carrolls eigener, textinte-
grierter Illustration der reinschriftlichen Erstfassung (*Alice's Adventures
under Ground*, S. 88), dann zu Beginn der Gartenszene in Tenniels Ver-
sion für die Buchausgabe (*AW*, S. 108); das verbindende Moment beider
Textpassagen wie auch der zeichnerischen Stilisierung ist Alices schlagarti-
ges Bewußtsein, daß sie ‚nur Spielkarten‘ vor sich hat. Reproduktion
nach den zitierten Ausgaben.

under Ground vor, die bei den MacDonalds erfolgreich probegelesen wurde. Auf dieses erste, wohl verlorene Manuskript folgte 1864 eine in Reinschrift ausgeführte und mit eigenen Zeichnungen versehene Geschenkfassung für Alice Liddell. Gleichzeitig machte sich Carroll, von verschiedenen Seiten beraten, an die Ausarbeitung der Buchversion *AW*, die schließlich den doppelten Umfang von *Alice's Adventures under Ground* aufwies. Es begann die auch für das Folgebuch fruchtbare Zusammenarbeit mit Tenniel, der für *Punch* arbeitete und Aesops Fabeln erfolgreich illustriert hatte. Die Illustrationen zu *AW*, die im übrigen die meisten Bildmotive der Autorzeichnungen aufgreifen (Abb. 1 u. 2), begleiten die Hauptabenteuer von Alice (körperliche Veränderungen, dramatische Konfrontationen), stellen die Wunderlandwesen vor (auch in ausdrücklich funktionaler Textergänzung: „If you don't know what a Gryphon is, look at the picture", heißt es in *AW*, S. 124), veranschaulichen zum Teil aber auch die eingelegten Parodien („You are old, father William"). Im übrigen ließ Tenniel es sich nicht nehmen, seine Zeichnungen mit parodistischen Details anzureichern und in der Textgestaltung ein Wort mitzureden. Das gilt vor allem für *LG*, wo er in der Illustration der Eisenbahnszene dem Mann in weißem Papier das Aussehen einer Disraeli-Karikatur gab und Alice selbst unverkennbar John Everett Millais' Gemälde „My First Sermon" nachbildete (Abb. 3), während er andererseits mit seinen Einwänden gegenüber der Illustrierbarkeit einer Episode deren Auslassung bewirkte („The Wasp in a Wig" in Kap. 8, erst 1977 veröffentlicht). Carroll räumte ihm allerdings auch Wahlmöglichkeiten ein wie die, den „carpenter" im Unsinnsgedicht von Walroß und Zimmermann durch „butterfly" oder „baronet" zu ersetzen (*LG*, S. 233). Ganz besonders rückten Tenniels — nun auch vergrößerten und kolorierten — Illustrationen in *The Nursery „Alice"* (1889) hervor, jener Fassung für Kleinkinder, deren stark gekürzter, thematisch und stilistisch vereinfachter, in Details ergänzter Text mit Fragen und Aufforderungen die Vorstellungskraft der Zuhörer animiert und besonders systematisch zur Bildbetrachtung hinlenkt.[4]

---

[4] Die grundsätzliche Bedeutung der durch Illustrationen gesteigerten Anschaulichkeit wie der durch Dialoge vermittelten Lebendigkeit fürs Kinderbuch wird gleich zu Beginn von *AW* pointiert, wenn Alice gelangweilt im Buch der älteren Schwester ‚Bilder und Gespräche' vermißt (S. 25). Die Funktion der Bilder in den Alice-Büchern ergibt sich im übrigen aus dem Umstand, daß Carroll seit je seine Erzählungen durch Zeichnungen ergänzte und oft sogar die mündlichen mit dem Zeichenblock

Abb. 3

Tenniels Illustration der Eisenbahnepisode in *LG* (S. 218) verweist gleich
in zwei parodistischen Anspielungen über das Buch hinaus: im Alice-
Porträt auf Millais' erbauliches Gemälde „My First Sermon" (Hand-
tasche statt Bibel) und im Bild des „man in white paper" auf Disraeli
(karikierte Physiognomie; Umhüllung mit ‚Weißbuch'-Blättern o. ä.?).
Reproduktion nach der zitierten Ausgabe.

Wichtiger ist allerdings der Vergleich zwischen *Alice's Adventures under Ground* und *AW*. Das Handlungsgerüst der frühen Fassung ist das gleiche, doch es fehlen noch ganze Episoden von späterer Kapitellänge („Pig and Pepper", „A Mad Tea-Party"), oder eine auf wenige Sätze beschränkte Beschreibung wird später zu zwei aufeinander folgenden Kapiteln ausgestaltet („Who Stole the Tarts?", „Alice's Evidence"). Am nächsten kommen noch die ersten drei der insgesamt vier Kapitel von *Alice's Adventures under Ground* den Buchkapiteln 1—5 (die aber wenig mehr als ein Drittel des Textes ausmachen). Die größte Übereinstimmung besteht bei dem Kapitel „Advice from a Caterpillar", das als einziges mit nur geringen Veränderungen und wenigen Zusätzen übernommen wurde. Selbst hier sind aber die Abweichungen der Endfassung höchst aufschlußreich. Hinzugefügte Beschreibungsdetails unterstreichen das träge Naturell und sture Verhalten der Raupe („sleepy", „sternly", „yawned", S. 67 ff.) und damit die lähmende Atmosphäre der ganzen Episode. Die Perspektive der kindlichen Identifikationsfigur wird in einer doppelten Zwischenbilanz hervorgehoben. Einmal registriert Alice ihre körperliche wie geistige Verunsicherung (wechselnde Größe, versagende Erinnerung, S. 69), Phänomene, die ja gleich wieder besonders grotesk veranschaulicht werden, wobei übrigens die Unaufhörlichkeit des Schrumpfungsprozesses in der späteren Fassung die Spannung steigert (S. 73). Sodann fühlt sie sich beim Disput mit dem bislang eigensinnigsten, streitsüchtigsten Wunderlandwesen in ihrer Selbstbeherrschung überfordert (S. 72) — eine Gemütsbewegung, die sich zwangsläufig einstellt, als die Raupe einmal mehr ihre Rede durch eine wörtlich genommene Floskel abblockt und damit zugleich ihre abweichende Sehweise bekundet („I *don't* know"). Solchen ambivalenten Relativierungen ist Alice ja von Anfang an ausgesetzt. So wie sie in Kap. 2—3 die Maus und die Vögel mit dem Gerede von ihrer

---

begleitete. Der Verzicht auf die sprachliche Beschreibung der Figuren ist eingeplant und überläßt den zeichnerischen Entwürfen einen entsprechenden Spielraum: In Carrolls eigenen Illustrationen nimmt Alice erst allmählich das Aussehen jenes adretten viktorianischen Mädchens an, das dann Tenniels Porträts beherrscht (zu diesem Aspekt vgl. Nina Auerbach: Alice and Wonderland. A Curious Child. In: Victorian Studies 17 [1973], S. 32 ff.). In der sprachlichen Vermittlung konnte Carroll sich um so mehr auf die andere Kinderbuchkomponente verlegen: das dialogische Erzählen. Daß er dies häufig zur Vorführung logischer und kommunikativer Prozesse benutzt, verdeutlicht das Ineinandergreifen von Kinder- und Erwachsenenbuch.

Katze in Angst und Schrecken versetzt, erscheint sie dann hier mit plötzlich hochgeschossenem, biegsamem Hals der um ihr Nest bangenden Taube als bedrohliche Schlange (S. 76 f.). Der ganze Passus, der das Klassifikationsproblem des eieressenden Wesens erörtert (das Feindbild der einen rührt an die „Identitätskrise" der anderen), ist der zunächst rein persönlichen Situationsentschärfung („I wouldn't want *yours*") vorangestellt. Schließlich gibt es eine Textveränderung, die ebenfalls mit dem Unbestimmtheitsfaktor spielt, und zwar sehr viel effektvoller als in der früheren Fassung: Hatte die Raupe dort Alice Pilzschirm und -stil als Vergrößerungs- und Verkleinerungsmittel empfohlen, so verweist sie hier orakelhaft-unsinnig auf die „beiden Seiten" des Schirms (S. 73).

Die hervortretenden Tendenzen der Kapitelüberarbeitung lassen sich weitgehend mit den Erfordernissen des Kinderbuchs, wie Carroll sie sah, begründen: das Ausmalen einer Situation mit charakteristischen Details, die Steigerung der abenteuerlichen Spannung, das Weitertreiben des Nonsense und die verstärkte Andeutung kleiner Erfahrungsprozesse der Heldin, der die eigene Identität zum psychologischen Problem wird und die in ihrem sozialen Verhalten auf eine harte Probe gestellt wird, sowie die damit zusammenhängenden Ansätze einer Strukturierung der Erzählung durch die Variation kennzeichnender Motive. Dies ist um so bemerkenswerter, als man gerade von der allmählichen schriftlichen Ausarbeitung der Erzählung ein zunehmendes Raffinement hätte erwarten können, das vor allem die Erwachsenenlektüre bereichert. Das trifft insgesamt auch in vieler Hinsicht zu, betrachtet man die Reihe der abstrakten Denkspiele, satirischen Implikationen und ironischen Brechungen in *AW* und das durchgängig anspruchsvollere Folgewerk *LG*. Doch gerade die Revision des „frühen" Kap. 5 zeigt, daß Veränderungen oft mindestens so sehr das Kinderbuch hervortreten lassen, während umgekehrt charakteristische Züge des Erwachsenenbuchs auch schon vorher enthalten waren.

Was für die überschaubaren Veränderungen und Zusätze dieses Kapitels gilt, wiederholt sich bis zu einem gewissen Grade bei der Revision des ganzen Buches, wird aber durch andere Maßnahmen wesentlich ergänzt. Abgesehen von den zahlreichen Umformulierungen, die einer größeren typen- und situationsgerechten Anschaulichkeit dienen, erscheinen folgende Überarbeitungsprinzipien besonders ausgeprägt. Am stärksten tritt die Bereicherung um Sprach- und Gedankenspiele sowie Nonsense jeglicher Art hervor. Dies reicht von Einzelzusätzen wie dem Malapropismus „Antipathies" statt „Antipodes" (S. 28), der vokativen Anredeform „O

Mouse" (S. 41) oder dem an der formelhaften Wendung „found it advisable" sich wortspielerisch verwirrenden Redewechsel (S. 47) über längere Einfügungen wie die im sportlichen Grundbegriff verrätselte „Caucus Race"-Passage (S. 48 ff.) oder die verballhornenden Auslassungen der Mock Turtle über den Schulunterricht (S. 128 ff.) bis hin zu den kapitellangen Episoden bei der Herzogin, auf der Teegesellschaft und vor dem Gericht, die dem Nonsense den größtmöglichen Spielraum geben.

Wenn Ausgestaltungen dieser Art den Erzähltext anschwellen lassen und den additiven Gesamteindruck verstärken, so gibt es andererseits doch eine Reihe von Vorausdeutungen, Rückbezügen und Parallelen, die zumindest oberflächliche Verbindungen herstellen. So erhält das weiße Kaninchen, das ja recht eigentlich erst in die Wunderwelt des Untergrunds einführt, statt des ursprünglichen Blumenstraußes einen Fächer als gleichsam magische Beigabe, offensichtlich um den Übergang ins Zauberreich suggestiv zu stützen (die verwandelnde Kraft des Fächers erweist sich bei einer von Alices Größenveränderungen). Zugleich kontrastiert die ältliche Ängstlichkeit des Kaninchens, die sich im Gezeter vor dem Besuch bei der Herzogin äußert, mit der jugendlichen Beherztheit der Heldin, die sich ins Ungewisse stürzt, und bereitet den Auftritt der Herzogin als abschreckender Autoritätsperson vor (S. 36 ff.).[5] Die Veränderung der von der Maus erzählten Geschichte bewirkt eine ähnliche kontextuelle Stimmigkeit und Strukturierung. Als makabre Gerichtsfarce ordnet sie sich nicht nur in die Reihe der Grausamkeitsmotive ein (dies ist schon in der ursprünglichen Fassung der Fall, wo die Mäuse von Hund und Katze plattgedrückt werden), sondern deutet bereits auf die anarchische Willkür der Schlußszene voraus, wo eine Art Höhe- und Wendepunkt von Alices Konfrontationen erreicht wird. Ein bedeutsames Merkmal

---

[5] Der Fächer, die weißen Handschuhe und die Taschenuhr des weißen Kaninchens sind — wie dieses selbst — typische Utensilien des viktorianischen Zauberers: vgl. The Magic of Lewis Carroll. Hrsg. von John Fisher. Harmondsworth 1975, S. 30. Ein weißer Handschuh gehörte übrigens zusammen mit einem Fingerhut und einem linken Schuh, zwei weiteren Motiven in AW (S. 49 f.) und LG (S. 313), zu den Schätzen, die man später unter dem Fußboden des Kinderzimmers von Croft fand, wo die Dodgsons seit 1843 lebten: vgl. Hudson, S. 44 f. Die gegensätzliche Konzeption von Alice und Kaninchen bringt Carroll selbst in „Alice on the Stage" auf folgenden Nenner: „For her ‚youth', ‚audacity', ‚vigour', and ‚swift directness of purpose', read ‚elderly', ‚timid', ‚feeble', and ‚nervously shilly-shallying' " (Ausgabe von Gray, S. 283).

der Schlußszene ist auch darin zu sehen, daß Alice hier zum ersten Mal ohne Zaubermittel ihre Größe verändert, indem sie unwillkürlich zu ihrer Normalgröße zurückwächst, während die einzige andere Stelle, wo dies in der ersten Fassung der Fall war, durch die Einfügung der zur Schrumpfung führenden kieselsteingroßen Kuchen im Haus des Kaninchens (S. 63) an die parallelen Situationen angeglichen ist. Solche Querbezüge und Vereinheitlichungen haben ebenso wie die nachträglichen Erzählerironien (z. B. die Parenthese über die Theorie und Praxis im Verhalten von Alice, wenn sie mit sich zu Rate geht, S. 32) fast ausschließlich eine Funktion in der erwachsenen Leserorientierung.[6]

Andere Überarbeitungsprinzipien dürften sich in erster Linie an das kindliche Publikum richten. Das gilt für die hinzugefügten Beschreibungen von Alices emotionalen Reaktionen. Sie atmet auf, als sie mit knapper Not dem Schrumpfen ins Nichts entgeht (S. 39). Sie bekundet ihre Reue darüber, daß sie die Kleintiere mit der Erwähnung ihrer Katze Dinah verschreckt hat, und empfindet nun ein um so stärkeres Heimweh nach ihr (S. 53). Sie lacht spontan — an sich schon eine bemerkenswerte Seltenheit in der Folge ihrer Abenteuer! —, offensichtlich im Nachvollzug des antiautoritären Protests, als sie von der Ohrfeige hört, die die Herzogin der köpfungswütigen Königin verpaßt hat (S. 111). Daß die Herzogin selbst nicht minder rasch so radikale Urteile von sich gibt (S. 84), ist eine ironische Parallele, die wiederum eher dem Erwachsenen auffallen wird. Doch die stärker hervortretenden antiautoritären Züge — hinzuweisen wäre hier noch auf das selbstbewußte Verhalten der Cheshire Cat gegenüber dem König nach der sprichwörtlichen Devise „A cat may look at a king" (S. 114 ff.) — können ihre besondere Wirkung auf Kinder kaum verfehlen. Auch sonst spielen direkt oder indirekt pädagogische Motive bei der Überarbeitung eine Rolle. Die Bandbreite reicht dabei von der leicht amüsierten Betonung des Erzählers in Didaktikerpose, daß Alice sich erst vergewissert, ob die zum Trinken auffordernde Flasche nicht etwa ein Gift-Etikett aufweist (S. 31), über die Verdeutlichung der Unterrichtssituation, als sie zum ersten Mal durch das Aufsagen eines Gedichts ihr Gedächtnis und damit ihre Identität zu prüfen versucht (S. 38), bis zur Litanei der kurios gewandelten Herzogin, die zu allem und jedem eine „Moral" parat hat (S. 120).

---

[6] Zur allmählichen Entwicklung des Sinns für erzählerische Verknüpfung und Schwerpunktbildung und zum relativ späten Vermögen struktureller Erfassung beim jugendlichen Leser vgl. Applebee, Kap. 4, 6, 7.

Wie sehr die Überarbeitung sowohl auf das Erwachsenenbuch als auch das Kinderbuch zielte, verdeutlicht die Behandlung des „frühen" Kap. 5 und des „späten" Kap. 6. Die gesteigerte Absonderlichkeit von Kap. 6 entsteht nämlich wiederum nicht einfach aus dem verstärkten Raffinement für Erwachsene. Ein Blick auf die Nursery „Alice" zeigt, daß dort das Kap. 5 auf Raupenepisode und Bild verkürzt, d. h. halbiert ist; umgekehrt erscheint Kap. 6 auf zwei Kapitel mit je zwei Bildern verteilt (Herzogin, Ferkel; Cheshire Cat und ihr Grinsen). Während der visuelle Effekt auch späteren Einfällen die Übernahme in die Nursery „Alice" garantiert, fehlen dort allerdings weitgehend die Dialoge und Verse. In ihnen sind am ehesten die Erwachsenenelemente zu suchen. Das wird gerade etwa in den einrahmenden Episoden von Kap. 6 sichtbar. Die Türschwellenszene mit ihrem ausweichenden Hypothesenkatalog des Dieners ist ein Stück absurdes Theater; und das Gespräch mit der Cheshire Cat im Baum weist sie als eine Art Schutzgeist des höheren Blödsinns aus.

Im übrigen kündigen sowohl die Herzogin als auch ihre Katze das Croquet-Spiel bei der Königin an und treten dann auch beide dort in Erscheinung. Insofern ist Kap. 6 kaum weniger integriert als eine Reihe vorangehender. Ähnliches gilt für das Kap. 7 mit seinem Trio der Teegesellschaft, das auf die Etikette des Hofs verweist und dort vor Gericht erscheint. Freilich bleiben solche Bezüge punktuell. Erst in Kap. 8—12 ergibt sich durch die Spielkartenfiguren im höfischen Bereich von Muße (Garten) und Staatsgeschäft (Gericht) dann eine durchgängig engere Verknüpfung. Doch selbst in den schauplatzbeständigsten Gartenszenen macht sich der Einschub mit Gryphon und Mock-Turtle breit — ein Drittel der ganzen Kapitelgruppe. Zusammengehalten wird das Ganze letztlich doch nur durch die im Erzählrahmen verdeutlichte Traumkonvention. Eine wesentliche Rolle spielt dabei die ältere Schwester, die eine Verbindung des Autors mit dem erwachseneren Teil der Leserschaft herstellt. Zu Beginn liest sie in einem Buch, dessen Mangel an ‚Bildern und Gesprächen' in Alice eben jene Langeweile und Schläfrigkeit auslöst, die sie aus dem warmen Sommertag (ein atmosphärischer Bezug zu Carrolls ursprünglicher Erzählsituation) in den Traum hinübergleiten läßt. Am Schluß streicht die Schwester in stellvertretender Mütterlichkeit der in ihrem Schoße erwachenden Alice die Blätter (= Spielkarten des Traumschlusses) aus dem Gesicht und schickt sie nach deren Bericht von ihrem kuriosen Traum hinein zum Tee. In der Abendstimmung verfällt sie nun ihrerseits in einen Tagtraum, der das Erzählte über seine akustischen Motive rekapituliert und nur durch die geschlossenen Augen von der trüben Realität abgehoben erscheint. Es ist wohl aufschlußreich, daß sie in die märchenhafte Traumwelt der siebenjährigen Schwester nur noch (?) durch das suggestive Medium der sprachlichen Vermittlung eintauchen kann, die Möglichkeit zum Nachvollzug allerdings auch bereitwillig wahrnimmt. Indem sie sich halb ins Wunderland hineinversetzt glaubt, rückt sie in die Nähe von Carrolls ursprünglicher Zuhörerschaft. Ihre rationalisierende Verknüpfung der Traummotive mit der Geräuschkulisse des ländlichen Idylls verdeutlicht den Unterschied zu Alice, die das Ganze als „wunderbaren Traum" beläßt. In den anschließenden selbstgeschaffenen Tagtraum projiziert die Schwester zugleich ein sentimentales Bild von Alice, die auch als Erwachsene ihr kindliches Gemüt bewahren und andere Kinder mit ihren wunderbaren Geschichten erfreuen wird. In diese Jungmädchenschwärmerei mischt sich unverkennbar die Stimme des Autors: Mit dem wunschträumerischen Bild von Alice verschmilzt das Selbstbildnis des ewigen Kinderunterhalters. *Alice's Adventures under Ground,* Carrolls ursprüngliche „Liebesgabe" an Alice Liddell, macht den autobiographischen Bezug noch deutlicher: Hier erscheint im Tagtraum der Schwester statt der rekapitulierten Wunderlandmotive die Erzählsituation während der ursprünglichen Bootsfahrt, und die Projektion der erwachsenen Alice mündet in ein Medaillon, das eine Fotografie der Siebenjährigen umschließt.

Persönliche Erinnerungsmomente dieser Art tauchen in der frühen Buchversion auch innerhalb der Traumerzählung auf. Das Abenteuer am Tränenteich verarbeitet hier ganz offensichtlich das Erlebnis eines voraufgegangenen, verregneten Themseausflugs, nach dem Carroll seine durchnäßten Begleiter in einer Cottage untergebracht hatte: Der komische „Dodo" (1. der Vogel, 2. selbstironische Vorstellung des stotternden Dodgson) führt Alice zusammen mit dem Jungadler („Eaglet"=Edith), dem Papagei („Lory"=Lorina) und der Ente („Duck" = Duckworth) in einen ähnlichen Unterschlupf zum Trocknen. Daß der Hin- und Rückweg an dem Fluß vorbeigeht, der von der überquellenden Tränenflut gespeist wird und dessen Ufer von Binsen und Vergißmeinnicht gesäumt ist, entbehrt nicht einer auktorialen Suggestivität.[7] Das Motiv ver-

---

[7] Vgl. den Eintrag am 17. 6. 1862 in The Diaries of Lewis Carroll. Hrsg. von Roger Lancelyn Green. London 1953, S. 178, und Lewis Carroll: Alice's Adventures under Ground. Hrsg. von Martin Gardner. New York 1965, S. 27, 33.

schwindet in der zur „Caucus Race"-Episode umgearbeiteten Szene, die typischerweise die persönliche Reminiszenz zurückdrängt und dafür das Spiel mit dem Nonsense hervortreten läßt. Es kehrt aber in poetisch verschlüsselter Form in der „Wool and Water"-Episode des Folgebuchs wieder und zwar im befremdlich metamorphen Kontext einer ausgeprägten Traumszene (S. 256 f.). Alice findet sich mit der zum strickenden Schaf verwandelten weißen Königin in dem aus dem Krämerladen hervorgegangenen Boot auf einem Fluß, dessen Ufer zu ihrer hellen Freude von duftenden Binsen bestanden ist. In einem den Geleitversen ähnlichen Schwebezustand treibt sie selbstvergessen zwischen den verlockend wogenden Binsen dahin und holt sich aus dem Wasser Sträuße herauf. Doch immer erscheinen weiter am Ufer entlang noch schönere, während die soeben gepflückten zu ihren Füßen wie Schnee zerschmelzen; denn ‚Traumbinsen', so heißt es, verwelken schneller als wirkliche — nur merkt Alice in ihrer Hingabe an den trancehaften Augenblick und in ihrer Faszination durch den ‚eigenartigen' Verlockungszauber nichts von solcher Vergänglichkeit. Erst als das Ruder sich verfängt und sie gewaltsam umstößt, wird sie auf die reale Situation im Boot zurückgeworfen, und die Szene blendet in den Laden zurück. Die auf die Binsen übertragene traditionelle Blumensymbolik (Schönheit, Mädchen, Jugendfrische) scheint hier mindestens so viel über das Verhältnis des Autors zu seinen kleinen Freundinnen anzudeuten wie über die kindliche Sensibilität der Heldin bei ihrer Erkundung des Spiegellandes: die Entrücktheit des Begehrenswerten, die Flüchtigkeit des jeweils Erreichbaren, die Brüchigkeit traumverlorenen Glücksgefühls, die Begrenztheit kindlicher Unschuld und die Vergänglichkeit des Lebens überhaupt. Nirgends treten zwei zentrale Motive der Alice-Bücher so dicht zusammen wie hier: das Alice schon in *AW* zugeordnete Epitheton „curious" und die im Folgebuch noch konsequenter durchgeführte Todesthematik. Die Plazierung der Szene genau in der Mitte von *LG* verleiht ihr zudem strukturelles Gewicht.

Wie weit auch immer man autobiographische Implikationen gelten läßt, der Rückgriff auf älteres Material ist über den vorliegenden Fall hinaus typisch für die Entstehung von *LG*. Das Folgebuch, von Anfang an systematischer erarbeitet, konnte auf den in *AW* entwickelten Motiven und Methoden aufbauen und verwertete gründlicher als der Vorgänger vorgefertigte Texteinheiten in der Form komischer Gedichte, Geschichten und Rätsel. Zwar spielte auch hier bei der Textgenese die Anregung aus Kindermund eine

Rolle: Eine andere Alice entwickelte bei dem kindlichen Versuch, das Phänomen der spiegelbildlichen Verkehrung zu erklären, die Vorstellung vom Aufsuchen des Raums hinter dem Spiegel und gab so Carroll die Idee zum Schwelleneffekt und Spiegelland in *LG*.[8] Doch diese eher beiläufige Inspiration ist nicht zu vergleichen mit der spontan-intimen Erzählung, die *AW* zugrunde liegt, und insgesamt bleibt die Fortführung des Erprobten und die Anverwandlung des Verfügbaren die vorherrschende Kompositionsmethode.

Das im zweiten Teil von *AW* eingeführte Motiv der verlebendigten Spielzeugwelt (eine Hofgesellschaft aus Spielkarten, eine Crocket-Partie mit Flamingos und Igeln) gibt in *LG* das Grundschema ab: Das Schachspiel mit seinen Figuren in gegnerischen Feldern ist hier von Anfang an vorgezeichnet, bezieht die Heldin selbst als „Bauern" mit ein und läßt die sprunghaften Szenenwechsel als Spielzüge erscheinen. Ganz ähnlich verhält es sich mit einem weiteren Prinzip, das erstmals in Verbindung mit den Spielkartenfiguren in *AW* auftaucht. Wenn der Kinderreim „The Queen of Hearts" mit dem Tatbestand gestohlener Kuchen als Anklageschrift dient (S. 146), so erweist sich dieses Verfahren als Vorstufe zu den Kapiteln „Tweedledum and Tweedledee", „Humpty Dumpty" und „The Lion and the Unicorn" in *LG*, wo nicht nur die Handlungen der Kinderreime szenisch nachvollzogen werden, sondern auch die durchgängige Thematik der Streitbarkeit und der Spiegelung versinnbildlicht erscheint. Weiterhin kann man die Häufung ausgefallener Sprachspiele, Parodien und Unsinnspoesie im zweiten Teil von *AW* (Verlautbarungen der Mock Turtle, Beweisführung vor Gericht) als Verdichtung von Stiltendenzen betrachten, die dann gleich zu Beginn von *LG* in „Jabberwocky" ihre konzentrierteste Form finden. Dieser Umstand läßt sich freilich nur als Indiz für die konsequentere erzählerische Einbeziehung solcher Stilzüge werten, nicht als Beleg für deren allmähliche Entwicklung. Gerade das Paradebeispiel „Jabberwocky", dessen erste Strophe Carroll schon 1855 als pseudo-altenglisches Poem für das Familienmagazin *Mischmasch* verfaßt hatte, macht deutlich, wie weit selbst die ausgefallensten Textteile über die Entstehungszeit beider Bücher zurückreichen können. Das gilt vor

---

[8] Bei einer Begegnung mit seiner Kusine Alice Raikes im August 1868 postierte er das Mädchen mit einer Orange in der rechten Hand vor einem Wandspiegel, fragte sie, in welcher Hand das Mädchen im Spiegel die Orange hält, und erhielt die richtige Antwort: in der linken. Der nachträgliche Erklärungsversuch räsonnierte: wäre ich auf der ,anderen Seite', bliebe die Orange in derselben Hand ... Vgl. Diaries, S. 272.

allem für das spätere Werk und die Einarbeitung angesammelter Nonsensetexte, in mancher Hinsicht aber auch schon für das vorangegangene und die freie Variation dichterischer Einfälle aus der Praxis des Kinderunterhalters. Alice Liddell erinnert sich später an Carrolls ‚unendlichen Vorrat phantastischer Erzählungen‘, von dem einiges in die Ausarbeitung des ersten Buchs eingegangen sein muß. Das zweite Buch führt sie besonders auf die Geschichten um Schachfiguren zurück, die er lange vor dem denkwürdigen Ausflug den Kindern erzählte, als sie das Spiel erlernten.[9] Der Kinderfreund, Amateurkomiker und Gelegenheitsdichter Carroll konnte zu dieser Zeit bereits auf siebzehn Jahre eines regen Interesses an den Möglichkeiten kindertümlicher Unterhaltung zurückblicken: Die eigenen literarischen Versuche reichen bis in die früheste Jugend zurück, da er selbst kaum älter war als die ursprüngliche Zuhörerschaft seines späteren Kinderbuchklassikers.

2. Biographischer Hintergrund und Gesamtwerk

Viele von Carrolls Persönlichkeitsmerkmalen zeichnen sich bereits in der vorpubertären Entwicklung ab. Er entstammt einer nordenglischen Mittelstandsfamilie, die in der Tradition des Kirchen- und Staatsdienstes stand. Der Vater Charles Dodgson war Pfarrer mit akademischen Neigungen, zunächst in Daresbury (Cheshire), wo Charles Lutwidge 1832 als drittes von elf Kindern geboren wurde, seit 1843 dann in Croft (Yorkshire). Gegenüber der puritanisch strengen Autorität des Vaters scheint das liebenswürdige Wesen der Mutter ebenfalls prägenden Einfluß auf Carroll gehabt zu haben: Religion und Wissenschaft, Selbstkontrolle und Ordnungssinn, Standesbewußtsein und Konservativismus sollten ihn ebenso kennzeichnen wie emotionale Kompensationsbedürfnisse, die sich vor allem in seiner Beziehung zu kleinen Mädchen und in seiner literarischen Kreativität ausdrücken würden. Frühe Unsicherheiten des Stotterers und Linkshänders wurden durch besondere Begabungen überspielt. In der abgeschiedenen Selbstgenügsamkeit der Großfamilie von Croft übernahm er aufgrund seiner

---

[9] Vgl. die Auszüge aus „Alice's Recollections of Carrollian Days" (1932) in der Ausgabe von Gray, S. 274.

frühreifen, vielseitigen Einbildungskraft fast zwangsläufig die Rolle des Geschwisterunterhalters. Nachdem er bereits als Zauberer, Bastler, Zeichner und Erfinder von Spielen hervorgetreten war, begann er mit etwa dreizehn Jahren zu schreiben: kleine Stücke für sein Marionettentheater wie *La Guida di Bragia,* eine aktuelle Eisenbahn-Burleske mit Seitenhieben auf Bradshaws Kursbuch; kurze Geschichten und Gedichte, die zusammengestellt und mit Illustrationen versehen die Reihe der hauseigenen „Magazine" eröffneten und in manchen Einzelheiten auf die Alice-Bücher vorausdeuten.[10]

Schon das erste dieser literarischen Familienalben, *Useful and Instructive Poetry* (um 1845), enthält etwa eine illustrierte „Tale of a Tail", die als Vorstufe zur spielerisch geschwänzten Erzählung der Maus in *AW* angesehen werden kann, oder den parodistischen Verhaltenskatalog „Rules and Regulations", der die willkürlich moralisierenden Wunderwesen vorwegnimmt, die Alice in beiden Büchern ständig zusetzen. Noch deutlicher sind die Parallelen in dem für den späteren Carroll schon recht typischen Magazin *The Rectory Umbrella* (1849/50). Die pseudomysteriöse Fortsetzungsgeschichte „The Walking-Stick of Destiny" bringt eine Anhäufung von Unsinn ohne erzählerische Auflösung am Schluß. Die Skizzenfolge „The Vernon Gallery" persifliert durch Veränderungseffekte bekannte Gemälde dieser Sammlung wie Joshua Reynolds *The Age of Innocence,* dessen Mädchengestalt durch ein grinsendes Nilpferd ersetzt wird. Die Reihe der „Zoological Papers" berichtet pseudowissenschaftlich über Tiere mit wundersamer Aura („The Lory"), ungrammatischer Daseinsberechtigung („Fishs") oder grotesk reduzierten Merkmalen („The One-Winged Dove"). Weiter findet man archaisierende Balladenparodien wie „Ye Fatalle Cheyse" oder Logeleien über den Ablauf der Zeit in kurios kniffligen „Difficulties".

Programmatischen Aufschluß gibt das allegorische Bild auf dem Titelblatt, und zwar nicht nur über den Anlaß des Magazins, sondern auch für den angehenden Autor. Es zeigt einen bärtigen Poeten im Mädchenkleid, der sich mit seinem von „Witzen", „Rätseln" „Spaß", „Dichtung" und „Geschichten" bespannten Schirm gegen die von knabenhaften Teufelchen aus der Luft herabgeworfenen Steine „Leid", „Verdruß", „Unbehagen", „Langeweile", „Ärger" und „Trübsinn" schützt und heiter-gelassen die Gaben der engelhaft herbeischwärmenden und mitbeschirmten Mädchen „Wissen",

---

[10] Vgl. Hudson, S. 46 f.

Abb. 4

Das Frontispiz von Carrolls Familienmagazin *The Rectory Umbrella*.
Reproduktion nach der zitierten Ausgabe.

„Lebhaftigkeit", „Geschmack", „gute Laune", „Frohsinn", „Zufriedenheit" und „Heiterkeit" entgegennimmt. Der inzwischen etwa achtzehnjährige Carroll entwirft hier nicht zuletzt das verräterische Wunschbild des Erwachsenen, der kindlich geblieben ist; des Mannes, dem die kleinen Mädchen zufliegen; des Dichters, der in einer nach obenhin feindseligen Welt die andrängenden Gemütsbedrohungen abzuwehren versteht und der dazu vielfältig von weiblicher Seite inspiriert wird (Abb. 4).[11] Nur drei Jahre später verfaßte Carroll das erste seiner kindheitsnostalgischen Gedichte. „Solitude" evoziert die Flucht aus einer bedrückenden Welt in die beschauliche Waldeinsamkeit, wo die Erinnerung an den Lebensfrühling, an Unschuld, Liebe und Wahrheit aufkommt und sich zur Sehnsucht nach der Rückversetzung in diese märchenhaft vergoldeten Jahre steigert: „To be once more a little child / For one bright summer day" (CW, S. 861). Der sentimentale Eskapismus dieser Verse berührt sich eng mit den Geleitversen der Alice-Bücher.

Dabei war Carrolls Leben weder zu diesem frühen noch zu irgendeinem späteren Zeitpunkt durch ein Schicksal belastet, das zu besonderer Schwermut Anlaß geboten hätte. Zumindest äußerlich verlief es fast schon in allzu wohlgeordneten Bahnen und abgeschlossener Stille. Nach dem Besuch der Privatschule von Rugby studierte er am Christ Church-College in Oxford Mathematik (1850—54) und war dann dort als Bibliothekar und Mathematikdozent tätig. 1861 ließ er sich zum Diakon weihen, konnte sich aber nicht zum weiteren Schritt der Priesterweihe entschließen. Er kam seinen Lehrverpflichtungen als Mathematiker bis 1881 nach, hielt auch gelegentlich Predigten und übernahm 1882 für zehn Jahre den Posten eines Kurators, der den Senior Common Room haushälterisch betreute. Abgesehen von Ferienaufenthalten in England und Wales und ausgenommen eine Rußlandfahrt im Jahr 1867, die keinen tiefen Eindruck hinterlassen zu haben scheint, verbrachte er praktisch die 47 Jahre seines erwachsenen Lebens bis zu seinem Tod 1898 in der Enklave des Oxforder College. Allein die regelmäßigen Fahrten nach London scheinen da eine Ausnahme zu machen, doch galt sein Interesse auch hier der eher begrenzten Welt der Bildungsinstitutionen. Dabei bevorzugte er solche Medien der Anschauung, die charakteristische Bedürfnisse einer äußerst

---

[11] Lewis Carroll: The Rectory Umbrella and Mischmasch. Foreword by Florence Milner. 1932, rpt. New York 1971, S. XIV. Vgl. dazu auch Klaus Reichert: Lewis Carroll. Studien zum literarischen Unsinn. München 1974, S. 85 f.

Abb. 5

Alice Liddell auf einem fotografischen Porträt von Carroll, das Ende der 1850er Jahre entstanden ist. Einer Zeitmode folgend posiert sie als kleine Bettlerin. Die lockere Drapierung und der empfangsbereite Gestus dürften für Carroll ihren eigenen Reiz besessen haben. Reproduktion nach *The Illustrators of Alice in Wonderland and Through the Looking Glass,* S. 82.

gehemmten und stark visualisierenden Persönlichkeit befriedigten. Das Theater begeisterte den im Rollenspiel oder gar Doppelgängertum Versierten; die Galerien beeindruckten den verhinderten Zeichner für humoristische Zeitschriften; die Weltausstellungen im Kristallpalast faszinierten den als Forscher — wie auch Lehrer — Durchschnittlichen, doch vielseitig Aufgeschlossenen mit seinem Faible für exotische Funde und kuriose Erfindungen.

Nirgends treten all diese Neigungen so deutlich in Erscheinung wie in seiner Passion der Porträt-Fotografie. In der gerade aufkommenden Amateurfotografie fand er neben dem Kinderbuch ein kongeniales Medium: Beide beflügelten ihn zu Leistungen, die zugleich typisch für ihre Zeit sind und weit über sie hinausweisen. Beide sind auch aufs engste miteinander verbunden. Denn Carrolls Bedeutung als Fotograf liegt in seiner überragenden Leistung auf dem Gebiet des viktorianischen Kinderporträts. Mit dieser neuen technischen Errungenschaft schuf sich der ewige Junggeselle und schrullige Kindernarr sein eigenes Theater, indem er seine bevorzugten Modelle — vorpubertäre Mädchen — im zeitüblichen Stil phantastisch verkleidete (oder auch in lockerer Drapierung entkleidete, denn je entblößter, desto lieber waren sie ihm selbst) und in der intimen Atelieratmosphäre mit allerlei Spielzeug, improvisierten Märchenerzählungen und humorigen Zeichnungen so lange unterhielt, bis er sie in die rechte Stimmung für den Moment der Aufnahme versetzt glaubte. So entstand nach und nach seine Porträtgalerie, durch die er die Erinnerung an eine Reihe bezaubernder Mädchen fixierte, die mit beginnender Pubertät für ihn in unerreichbare Ferne zu rücken schienen (Abb. 5). Der unverkennbare Anteil eines ästhetisierenden Voyeurismus kommt auch in seiner Abneigung gegen kleine Jungen (je entblößter, desto schlimmer) zum Ausdruck, während ihn die animierende Gelöstheit des Zusammenseins mit kleinen Mädchen sogar vom Stottern zu befreien vermochte. Die Implikationen seines Verhaltens gegenüber Kindern waren ihm wohl weitgehend unbewußt. Hatte er 1856, im Jahr, da er Alice Liddell kennenlernte und erstmals mit Parodien unter dem Pseudonym Lewis Carroll hervortrat, mit dem Fotografieren begonnen, so gab er das Hobby 1880 auf, dem Jahr, da er einem Mädchen im ‚gefährlichen Alter' jenseits der Vierzehn-Jahres-Grenze versehentlich einen onkelhaften Kuß gegeben hatte und wegen seiner Porträt-Absichten verstärkt auf den Widerstand der Eltern seiner Modelle gestoßen war.

Ersatzerotik war gewiß nicht das einzige oder auch nur vorrangige Motiv seiner Zuneigung zu Kindern, die nach eigener Bekräftigung

‚Dreiviertel seines Lebens' ausmachten.[12] Diverse persönliche und zeittypische Beweggründe dürften dabei mitgewirkt haben, eine regressive Wahlverwandtschaft mit der Sensibilität des Kindergemüts ebenso wie die verbreitete Tendenz zur Idealisierung oder Sentimentalisierung des Kinderbildes. Aufschlußreich ist in diesem Zusammenhang aber immerhin, daß Caroll in seinem Selbstverständnis als Kindernarr ebenso unversehens an Grenzen stieß wie in seinem Selbstverständnis als gläubiger Mensch. Wie streng der Geistliche seinen Glauben nahm, beweist immer wieder die anspruchsvolle Prüfung der eigenen Verhaltensweise. Oft genug aber wurde er in schlaflosen Nächten von ‚unheiligen Gedanken' angefochten und im Vorsatz, seine Phantasie ‚rein' zu halten, so aufgestört, daß er sich mit dem Ersinnen kniffliger „Pillow Problems" denksportliche Ablenkung verschaffen mußte.[13] Daraus wird ersichtlich, daß Carrolls Obsessionen in dieser Hinsicht ihre kompensatorische, wenn nicht gar therapeutische Seite haben und nicht allein als passioniert betriebenes zweckfreies Spiel aufgefaßt werden können.

Nirgends scheint Carroll so in seinem Element wie in der abwandlungsreich ersonnenen Reihe der rätselartigen Spiele, jener Logeleien, Paradoxien, Charaden, Conundrums, Akrosticha und Syzygien. Sie bilden als austauschbare Einheiten die auffälligste Gemeinsamkeit zwischen den wissenschaftlichen Veröffentlichungen des Berufsmathematikers und dem literarischen Werk des freizeitlichen Kinderunterhalters. Zwei seiner charakteristischsten Züge kommen hier zusammen: ein übersteigerter Ordnungssinn und ein den Unsinn kultivierender Spieltrieb. Der Ordnungssinn offenbart sich etwa in der peniblen Führung eines Tagebuchs (lückenhaft erhalten seit 1855) oder der inhaltlichen Registrierung seiner außerordentlich umfangreichen Korrespondenz (98 721 Briefe seit Zählbeginn 1861) oder in seinem notorischen Querulantentum bei Detailfragen der College-Organisation, während der Spieltrieb etwa aus seinem Einfallsreichtum als Erfinder technischer Kuriositäten (selbstironisch persifliert im White Knight von *LG*), neuer Gesellschaftsspiele bzw. Regelvarianten („Croquet Castles") oder des Nonsense der Neologismen („Jabberwocky") hervortritt.

Es ist kein Zufall, daß die ansehnliche Zahl der Fachpublikationen von *A Syllabus of Plane Algebraical Geometry* (1860) bis zu *Symbolic Logic* (1896) als akademische Beiträge bedeutungslos sind —

---

[12] Nach Hudson, S. 212.
[13] Nach The Magic of Lewis Carroll, S. 219.

mit zweierlei Ausnahme: Wissenschaftliche Eigenständigkeit beweist Carroll am ehesten noch auf dem Gebiet der formalen oder symbolischen Logik, seine ganz besondere Originalität aber kommt in den bizarren Beispielen zum Ausdruck, mit denen er die Lehrbücher zur vergnüglichen Lektüre zu machen versteht. Beides gilt vor allem für die späteren Schriften, die auch zunehmend in einen wechselseitigen Austausch mit dem literarischen Werk traten. Die formale Logik bot dem Spiel mit unsinnigen Prämissen, aber richtigen Schlußfolgerungen oder abweichenden, aber in sich geschlossenen Regelsystemen naheliegende Möglichkeiten für das Spiel mit dem Nonsense, der selbst als ein solches System angesehen werden kann, nur daß er unberechenbar den Sinn schlechterdings unterläuft. Der spielerische Umgang mit der Rätselhaftigkeit und dem Unsinn verbindet so die unterschiedlichen Traditionen des inhaltlich ausgefallenen Beispielmaterials der Logiker und der quasimagischen Folklore der Kinderreime.[14] Carroll schuf seinerseits vielfältige Kombinationsformen von logischer Lehre und Unsinnspoesie, formalistischer Sachprosa und phantastischer Erzählung. Nicht nur, daß hier zwischen Fachbuch und Kinderbuch Berührungspunkte sichtbar werden: *The Dynamics of a Part-icle* (1865) verknüpft die Satire auf Gladstones Kandidatur für den Oxforder Wahlkreis mit dem wortspielerischen Schema euclidischer Definitionen, Postulate und Axiome; *Euclid and his Modern Rivals* (1879) besitzt die Struktur einer Komödie in fünf Akten; *A Tangled Tale* (1885) setzt vertrackte mathematische Probleme („knots") in eine Folge verschlungener Geschichten um. Und die zahllosen Briefe an kleine Mädchen sind voller Rätseleien und Unsinnsgeschichten, die nicht zuletzt die regressiven Verwandlungsversuche eines gespaltenen Carroll/Dodgson enthüllen.[15]

An der Wissenschaft wie an der Literatur hatte Carroll zugleich ein formalistisch-spielerisches Interesse, das die Verfremdung von Denk- und Ordnungskonventionen bis zur völligen Sinnauflösung trieb. Ob mehr zwanghaft oder mehr zweckfrei — solches Spiel bewegt sich nuancenreich immer wieder auf Parodie und Satire zu. Für beide Züge gilt allerdings wiederum, daß sie bezeichnenderweise sehr begrenzte oder recht allgemeine Absichten verfolgen. In den Alice-Büchern kritisieren die Parodien Teilaspekte des Einzel-

---

[14] Zur Popularität rätselhafter Kinderreime vgl. Iona und Peter Opie: The Lore and Language of Schoolchildren. 1959; rpt. St. Albans 1977, Kap. 5.
[15] Dazu vgl. Reichert, S. 69 ff.

gedichts oder die breite Tradition moralisierender Kinderliteratur, und die satirischen Effekte bestehen aus halbprivaten Anspielungen oder wiederkehrenden Karikaturen autoritärer Erwachsenenposen.[16] Ähnliches gilt für Carrolls satirische Pamphlete und zeitkritische Artikel. Die Satiren gelten vor allem Oxforder Kontroversen rein lokaler Natur: *The New Belfry of Christ Church, Oxford* (1872) und *The Vision of the Three T's* (1873) etwa attackieren die vom Dekan Liddell geplanten baulichen Veränderungen. Einige nicht-satirische Artikel setzen sich mit neuen Trends im Erziehungswesen auseinander: „Natural Science at Oxford" (1877) beispielsweise gibt der Befürchtung Ausdruck, daß die neue Betonung der Naturwissenschaften eine um die klassischen Sprachen, Logik, Philosophie und Geschichte verkürzte und moralisch verkümmerte Universitätsausbildung bringen werde. Auch seine Angriffe auf die Vivisektion verurteilen nicht nur die Tierquälerei im Dienste der Wissenschaft, sondern ganz allgemein die durch Forsters Education Act von 1870 geförderte Säkularisierung des Erziehungswesens, das ohne gleichzeitige Unterweisung in christlicher Moral nur brutalen Egoismus erzeugen könne.[17]

Carrolls konservative Grundeinstellung in Fragen des politischen, sozialen und kulturellen Lebens ist unverkennbar. Er verbrachte sein gesamtes Erwachsenenleben in Oxford während dessen größter Blütezeit, blieb aber den reformerischen Begleiterscheinungen gegenüber skeptisch und hielt sich an die traditionelle Rolle des zölibaten „Don" von Christ Church. Unbehelligt von außenpolitischen Vorgängen wie dem Krimkrieg, unbekümmert um die ökonomische Lage der verelendeten Bevölkerung des heimatlichen Nordengland, unbeirrt durch die gerade von Oxford ausgegangenen religiösen Streitfragen der Zeit, widmete er sich seinen beruflichen Pflichten und eigenwilligen Hobbies und nahm als Geistlicher den alten anglikanischen ‚Mittelweg' ein. Wenn er sich politisch zu Wort meldete, dann ergriff er für die Tories Partei: Salisbury, den er persönlich kennengelernt hatte, unterstützte er in brieflichen Kom-

---

[16] So geht der Mad Hatter wahrscheinlich auf einen ortsbekannten Zimmermann zurück, der ein Weck-Bett erfunden hatte (*AW*, S. 93); und im pikiert-schulmeisterlichen Gehabe der Maus kann man eine Anspielung auf Miss Prickett vermuten, die Gouvernante der Liddells, die wohl auch bei der roten Königin Pate gestanden hat (*AW*, S. 46; *LG*, S. 206).

[17] „Vivisection as a Sign of the Times" und „Some Popular Fallacies about Vivisection" (1875) sind zusammen mit „Natural Science at Oxford" nachgedruckt in The Works of Lewis Carroll. Hrsg. von Roger Lancelyn Green. London 1965.

mentaren in der reaktionären Wahlrechtsregelung und Verhinderung der irischen Home Rule.[18] Als loyaler Verehrer der königlichen Familie fühlte der Porträtfotograf und Kinderbuchautor sich geschmeichelt, als er in beiderlei Eigenschaft deren Aufmerksamkeit erregte. Im übrigen suchte er über die beruflichen und verwandtschaftlichen Erwachsenenkontakte hinaus vor allem solche unter etablierten Autoren und Künstlern wie George MacDonald, Tennyson, Ruskin, Thackeray, den Rossettis und der Präraffaelitengruppe.

Nirgends werden Carrolls Konformismus und Elitebewußtsein so sinnfällig wie in dem Umstand, daß sie selbst sein inniges Verhältnis zu Kindern beeinträchtigten. Wiederholt verrät er hier seine entschiedene Vorliebe für Kinder aus den gehobenen Schichten, die sowohl eine verfeinerte Schönheit (zarte Fesseln!) als auch eine weiter fortgeschrittene Bildung besitzen. Die Voreingenommenheit geht so weit, daß er sich ein Interesse ‚armer Kinder‘ an den Alice-Büchern kaum vorstellen kann und zur Veröffentlichung einer Volksausgabe erst überredet werden mußte.[19] Während er selbst oft genug den Zugang zu seinen Lieblingen durch sittenstrenge Mütter, Gouvernanten und andere Verkörperungen der Mrs. Grundy erschwert fand, galt sein Interesse doch beharrlich dem so behüteten Kreis privilegierter Kinder.

Der Vorbehalt gegenüber einer Alice-Ausgabe fürs breite Publikum ist um so bemerkenswerter, als Carroll nicht nur ein sehr produktiver Autor war, sondern auch ein recht marktbewußter. Von der ersten Geschichte fürs Schulmagazin (1845) bis zur postumen Gedichtsammlung (1898) lassen sich 255 Veröffentlichungen und Neuausgaben zählen, wobei freilich sehr viel Nebensächliches enthalten ist und manches wiederholt vorkommt.[20] Die stärkste Beachtung haben die für Kinder intendierten Erzählwerke mit ausgeprägten Nonsense-Zügen gefunden. Nach den Alice-Büchern

---

[18] Zu Oxfords Blütezeit 1850—1914 vgl. The Oxford Book of Oxford. Hrsg. von Jan Morris. Oxford 1978, Teil 5. Zu Carrolls begrenzter Welt vgl. John Pudney: Lewis Carroll and His World. London 1976, S. 15, 34, 58.
Die Briefe an Salisbury vom 10. 7. 1884 und 7. 6. 1897 finden sich in The Letters of Lewis Carroll. Hrsg. von Morton N. Cohen. London 1979, S. 544 f., 1125 f.
[19] Vgl. Letters, S. 325, 667, 795, 991.
[20] *Rhyme? and Reason?* (1883) ist eine Auswahl seiner Versdichtung, die wohl nicht zuletzt wegen der Illustrationen von A. B. Frost zur Standardausgabe wurde.

sind hier vor allem das Erzählgedicht *The Hunting of the Snark* (1876) und der zweiteilige Roman *Sylvie and Bruno* (1889/93) zu nennen. *The Hunting of the Snark* erzählt die abstruse Geschichte von der Jagd einer Schiffsmannschaft („Bellman", „Baker", „Beaver" usw.) nach dem Fabelwesen „Snark", das sich als ein ebenso unfaßbares „Boojum" erweist und noch forcierter als die alliterative Gruppe sein Dasein dem sprachlichen Unsinn verdankt. Das beziehungsreiche Motiv der Suche bekommt durch Deutungsanreize scheinbar allegorische Züge, löst sich aber in einem nur um so pointierter sinnentleerten Schluß auf. Die in acht „Fits" (1. Fitte = Versabschnitt, 2. Anfall) aufgeteilte ‚Agonie' parodiert episch-balladeske Konventionen und treibt — allerdings ohne die manipulativen Neuschöpfungen — den Sprachunsinn von „Jabberwocky" konsequent weiter. Obwohl ausdrücklich als Kinderbuch gedacht, überforderte dieser radikale Nonsense die kindliche Aufnahmefähigkeit, fand dafür aber in Studentenkreisen starken Anklang.

Auch das Spätwerk *Sylvie and Bruno* richtete sich noch zu beträchtlichen Teilen an Kinder, fand jedoch selbst unter Erwachsenen nur ein sehr eingeschränktes Publikum. Während der Nonsense hier auffallend zurücktritt, rückt die systematische Verschränkung von Wirklichkeit und ‚Feenwelt' in den Vordergrund, was Carrolls verstärktes Interesse für spiritistische Phänomene widerspiegelt. Ein realistischer Erzählstrang schildert die entsagungsvolle, aber glücklich endende Liebe zwischen dem Arzt Arthur Forster und Lady Muriel Orme und wird vertrackt überlagert von einem phantastischen Erzählstrang, der die Erlebnisse des Elfenmädchens Sylvie und ihres tolpatschigen Brüderchens Bruno aus dem von Intrigen erschütterten, doch schließlich befriedeten „Outland" wiedergibt. Die Verbindung zwischen beiden Bereichen, die zweifellos etwas von Carrolls eigenen Dualismen fiktionalisieren, stellt der Ich-Erzähler aufgrund unterschiedlicher Bewußtseinszustände her, die im Vorwort zum zweiten Teil erläutert werden (*CW*, S. 464): Es gibt den Normalzustand der Empirie („ordinary state"); das Zwischenstadium des Tagtraums („eerie state"); schließlich ein Transzendieren der Wahrnehmungswirklichkeit („form of trance").

Die Vorworte zu den beiden Romanteilen enthalten Carrolls ausführlichste Äußerungen zu seiner Schreibweise. Sie kennzeichnen den langen Entstehungsprozeß des Spätwerks: 1867 schrieb er die Märchen „Fairy Sylvie" und „Bruno's Revenge" für die Kinderzeitschrift *Aunt Judy's Magazine*; etwa 1874 begann er, diesen

Kern zu einem längeren Erzählwerk auszugestalten, indem er zusammenhanglose Texteinfälle („all sorts of odd ideas") halb automatisch assoziierte („with a transitory suddenness") und dann das angehäufte Material an einem Erzählfaden aufreihte („a huge unwieldy mass of litterature", kalauert er, „needed stringing together, upon the thread of a consecutive story"). Den langwierigen Sortierungsprozeß bringt er auf die Schlußformel: „the story had to grow out of the incidents, not the incidents out of the story" (*CW*, S. 255 f.). Die hier vorgenommene Unterscheidung trifft in gewisser Weise mitten in die Alice-Bücher hinein. Denn während *AW* aus dem improvisierten Erzählen ein Gerüst entstehen ließ, das andere kindertümliche Materialien zur Einfügung nahelegte, war bereits *LG* sehr viel stärker das Ergebnis einer Durchforstung aufgezeichneter Materialien unterschiedlicher Herkunft und der gezielten Zusammensetzung zum Folgebuch.

Seit *The Hunting of the Snark,* dessen Schlußzeile „For the Snark *was* a Boojum, you see" als unvermittelte Eingebung die Keimzelle des Gedichts bildete, verließ Carroll sich weniger aufs spontane Fabulieren und variable Ausgestalten als aufs assoziative Sammeln und konstruktive Sichten. Hinzu kommt bei dem Spätwerk die ehrgeizige Absicht, gegenüber dem vielfach imitierten Erstlingswerk *AW* etwas Neues zu schaffen, das einen kindlich-unschuldigen Nonsense mit Gedanken zum Ernst des Lebens in Einklang bringen sollte (*CW*, S. 257). Solche Ernsthaftigkeit läuft aber bei Carroll auf fatale Sentimentalität und aufdringliche Erbaulichkeit hinaus. Ähnlich wie in seiner ernsten Lyrik mit ihrer Thematik verlorener Unschuld und Liebe — zuerst in *Phantasmagoria* (1869) der komischen Dichtung beigegeben — wird er auch in seinem Erzählwerk unerträglich, wenn er das Metier des phantasievollen Nonsense verläßt. Als Kinderbuchautor fällt er damit einerseits in die — gerade von ihm überwundene — Tradition des Moralisierens zurück und trägt andererseits zur Verbreitung eines rührselig verkitschten Kinderbildes bei.[21] Zugleich schreibt er einen Ro-

---

[21] Für die didaktische Neigung des späteren Carroll aufschlußreich sind seine in den Vorworten zu *Sylvie and Bruno* skizzierten Pläne verschiedener erbaulicher und das Gedächtnis trainierender Bücher wie einer Kinderbibel oder eines Shakespeare für Mädchen, der noch rigoroser gereinigt sein sollte als Bowdler. Dahinter steht die Besorgnis um die Verbreitung der Prophanität (*CW*, S. 258 ff., 470 f.). Gegenüber Textstellen, die nur im geringsten als Blasphemie mißdeutbar waren, ging er allerdings auch schon früher resolut vor: Als ihm bewußt wurde, daß er in den Blumen-Anspielungen auf Tennysons *Maud* im Garten-Kap. von *LG*

man, dessen technische Komplikation gleitender Erzählebenenwechsel auch dem erwachsenen Leser mehr Aufmerksamkeit abverlangt als dieser einem solchen Buch gegenüber wohl mitbringt. Gewiß gibt es auch hier noch vieles, was an die Alice-Bücher erinnert — etwa die Episoden über den verrückten Gärtner, die spleenigen Professoren, das Land der Hunde. Doch sie bleiben zu verstreut, um über die doppelte Länge der beiden Klassiker (zusammen genommen) hinwegzutragen.

Carrolls Eigenschaften und Fähigkeiten waren so vielseitig und zugleich begrenzt wie seine Welt überhaupt. Freundlichkeit und Kinderliebe, Ernsthaftigkeit und Pflichtgefühl, rationale Akribie, einfallsreicher Witz und unerschöpfliche Phantasie kennzeichnen ihn ebenso wie Verkrampftheit und Zimperlichkeit, Engstirnigkeit und Eigenbrötelei, prekäre Gespaltenheit, konformistische Absicherung und diffuse Gefühlsseligkeit. Die Selbststilisierung zur Doppelrolle einer bürgerlichen Existenz und eines exzentrischen Kindernarren war das Ergebnis der eigenen Entfremdung wie des bewahrten imaginativen Widerspruchs. Carrolls literarische Originalität lag in einer verspielten Rationalität und phantastischen Einbildungskraft, einer bemerkenswerten Sensibilität für das kindliche Gemüt und einem unverwechselbaren Sinn für Komik — der schrulligen, weniger der humorvollen Art. Wenn viel von Carrolls Widersprüchlichkeit in sein literarisches Schaffen eingegangen ist, so übersteigen doch gerade die klassischen Alice-Bücher alles, was sich vom biographischen Hintergrund und dem Kontext des Gesamtwerks her erklären läßt. Darüber aber können nur die Texte selbst Auskunft geben.

---

auch eine ‚Passionsblume‘ mit christlichen Konnotationen aufgenommen hatte, tilgte er die Stelle (*LG,* S. 200). Daß solche religiösen Skrupel über den harmlosen Fall hinaus ihren tieferen Grund hatten, deutet eine spätere Predigt Carrolls über den Mißbrauch von Bibelworten zu Witzen an, eine Versuchung, die er selber verspürt habe (Anne Clark: Lewis Carroll. London 1979, S. 117).

III. Werkanalyse

1. Alice im Wunderland

Die Rezeption beim Publikum, die Entstehung der Texte und die Entwicklung des Gesamtwerks — alles deutet darauf hin, daß Carroll in *AW* der Konzeption des Kinderbuchs näher geblieben ist als in irgendeiner anderen Veröffentlichung. Schon die erzählerische Vermittlung gibt in dieser Hinsicht Aufschlüsse. Die Rahmenhandlung des gelangweilten Hinüberdösens der Heldin in den erlebnisreichen Traum und der anregenden Nacherzählung für die ältere Schwester ist ebenso bemerkenswert wie die Haltung des Erzählers, der zunächst recht auktoriale Kommentare über Alice abgibt, dann aber weitgehend auf deren Perspektive einschwenkt. Die mild-ironische Distanz der Parenthesen über ihre Schwächen, Widersprüche, unbedachten oder unsinnigen Assoziationen einerseits und die vertrauliche Suggestivität der Leseranreden und Emphasen im Kursivsatz andererseits erinnern an den mündlichen Ursprung der Geschichte von der siebenjährigen Alice, die einer etwas älteren Zuhörerschaft vorgetragen worden war. Die augenzwinkernde Verständigung des Erzählers mit dem Publikum über den Kopf der Heldin hinweg erweist sich durchaus auch als besondere Strategie des Kinderbuchs. Mit der Leserlenkung wird zugleich ein gleitender Übergang in die Fiktion einer nicht mehr ganz glaubhaften Wunderwelt geschaffen, die, wo sie einmal konstituiert ist, größtenteils mit den unschuldig-staunenden Augen der Heldin gesehen werden kann. Daß ein solches Vermittlungsprinzip zugleich erwachsenen Lesern die Zurückversetzung ins Reich der kindlichen Phantasie erleichtert, versteht sich von selbst.[1]

Wenn der Sprung der Heldin ins tief verborgene Wunderland dem Versuch des Autors entspricht, einer improvisierten Geschichte zur

---

[1] Das perspektivische Erzählen betont besonders Harry Levin: Wonderland Revisited. 1965; rpt. in: Aspects of Alice, S. 179. Eine Aufspaltung in kindliche Leser, die mit der Heldin bangen, und erwachsene Leser, die mit dem Erzähler schmunzeln, sieht Donald Rackin: Laughing and Grief. What's So Funny About *Alice in Wonderland*. In: Lewis Carroll Observed. Hrsg. von Edward Guiliano. New York 1976, S. 3 ff.

märchenhaften Ausgestaltung zu verhelfen, so bedeutet der Rückgriff auf die Konvention der Traumdichtung — das Rahmenschema des Traums als probater Einkleidung des ausgesprochen Wunderbaren — nicht zuletzt die Rücksichtnahme auf realistisch-pragmatische Erwartungen, wie sie gerade der Kinderliteratur gegenüber um die Mitte des 19. Jahrhunderts noch weit verbreitet waren. Hinzu kommt, daß Carroll nicht die alte Tradition der visionären Traumallegorie aufgreift, deren didaktische Anwendung etwa Bunyans *Pilgrim's Progress* (1684) auch den Status eines erbaulichen Kinderklassikers gebracht hatte. Vielmehr macht er sich die romantische Neubelebung der Traumdichtung und die Wiederentdeckung des Märchens zunutze — eine Entwicklung, die dem anarchischen Spiel kindlicher Phantasie poetische Freiheit gewährt und unterschwellig ansprechende psychische Motive und archetypisch-mythische Muster nahelegt. Dies geschieht in *AW* vor allem durch die Traum und Märchen gemeinsamen Erscheinungsformen der vielfältigen Verwandlung, die der verworren-unsinnigen Atmosphäre der Wunderwelt ihr eigentümliches Gepräge geben.

Alice erlebt eine wechselhafte Szenerie mit unberechenbaren Kreaturen und findet sich selbst durch ihr kaum kontrollierbares Wachsen oder Schrumpfen und in ihrem nachlassenden Gedächtnis oder Denkvermögen höchst irritierenden körperlich-geistigen Veränderungen ausgesetzt. Die Gesamtheit dieser Wandlungen läuft nicht auf einen Klärungs- oder Entwicklungsprozeß hinaus: Weder entpuppt sich die Wunderwelt als ein erlösbar verwunschenes Land, noch macht Alice einen nennenswerten Lernprozeß durch; vielmehr variiert die Grundkonstellation die phantastischen Möglichkeiten eines kurios bis grotesk durchgespielten Unsinns. „Stuff and Nonsense" lautet denn auch das abschließende Urteil der Heldin, mit dem sie sich des Drucks der chaotisch gesteigerten Gerichtsszene erwehrt, während sie im Akt einer unwillkürlichen Selbstbefreiung buchstäblich über das wahnwitzige Traumgeschehen hinauswächst (S. 161).[2] Zuvor schon hatte die Cheshire Cat, das distanzierteste unter den Wunderlandwesen und das einzige, das diese Welt gleichsam mit einem angemessenen Grinsen vertritt, Alice entspre-

---

[2] Die Frage der Entwicklung von Alice und der Einheitlichkeit der Bücher ist in der Sekundärliteratur seit langem umstritten. Vgl. neuerdings Roger Sale: Fairy Tales and After. From Snow White to E. B. White. Cambridge, Mass., 1978, S. 102 f., wo die Inkonsequenzen hervorgehoben werden, und James Suchan: Alice's Journey from Alien to Artist. In: Children's Literature 7 (1978), S. 78—92, wo eine ausgeprägte Entwicklung behauptet wird.

chend zu verstehen gegeben, daß der hier vorherrschende Wahnsinn absolut jeden in seinen Bann zieht: „[...] we're all mad here. I'm mad. You're mad" (S. 89). Allein durch das Erwachen zur gewöhnlichen Tageswelt kann Alice sich solchem Unsinn entziehen. Doch die Grenze zwischen den Bereichen behält etwas Prekäres: Zu viele Wechselbezüge sind im Verlauf der Geschichte sichtbar geworden. Carroll selbst dachte früh schon über den Zusammenhang zwischen den Zuständen des Traums und des Wahnsinns nach: „May we not", notierte er 1856, „sometimes define insanity as an inability to distinguish which is the waking and which is the sleeping life?"[3] Wenn er auf diese Weise Wahnsinn als die Fortsetzung des Träumens im Wachsein bestimmt, so impliziert er umgekehrt, daß der Unsinn im Traum seinen — rückbezüglich verzerrenden — Sinn hat. Dieser traumtechnisch vermittelte Nonsense prägt die Struktur von *AW* mit seiner beliebigen Reihung grotesker Metamorphosen, bizarrer Konfrontationen und abstruser Pointen.

Sein verabsolutiertes Grundprinzip ist die Inkongruenz, seine wesentlichen Merkmale sind der Komik erzeugende Widersinn radikaler Verstöße gegen Denkgewohnheiten, die spielerische Verrätselung von Sprache, Logik und Erfahrungswirklichkeit und die willkürliche Kombination desintegrierter Einzelheiten. Handelt es sich hier um eine literarische Tollheit, so hat sie doch ihre Methode: Zug um Zug geraten Ordnungskategorien wie Raum und Zeit, Rationalität und Moral, Identität und Kommunikation, die Hierarchie von Mensch, Tier und Materie in den Sog einer subversiven Zerstörung.[4]

Der erzeugte Nonsense ist in erster Linie komisch und entwickelt sich vorwiegend dialogisch. Ein Gutteil der Situationskomik des Buchs ergibt sich aus den widersprüchlichen Verschränkungen in der Figurenkonstellation: Die kindliche Heldin erscheint mit ihrem gesunden Menschenverstand, ihrer Beherztheit und Manierlichkeit erwachsener als die Wunderlandwesen, die mit egozentrischer Spitzfindigkeit und autoritärer Willkür ein Erwachsensein hervorkehren, das in Wahrheit kindischem Eigensinn näher steht. Der durch Faszination und Wißbegier motivierte Eindringling und die befremdlichen Sonderlinge des phantastischen Reiselands stehen

---

[3] Diaries, S. 76. Zur Carrollschen Traumtechnik vgl. Reichert, S. 45 ff.
[4] Zur Kennzeichnung des Nonsense vgl. Petzold: Formen und Funktionen der englischen Nonsense-Dichtung im 19. Jahrhundert, Kap. 1 (wo auch die frühere Forschung referiert wird), und Reichert, S. 10 ff. Die Systematik der Sinnzerstörung in *AW* analysiert Donald Rackin: Alice's Journey to the End of Night. 1966; rpt. in: Aspects of Alice, S. 399 ff.

sich beide in zwanghafter Starre und auffälliger Humorlosigkeit gegenüber. So beharrlich die Kreaturen bei ihren fixen Ideen und stereotypen Sprüchen bleiben, so wenig kann Alice über die Erfahrung des phantastischen Unsinns hinaus eine Einsicht gewinnen. In einer Welt, die das Abnorme zur Norm erhebt, ohne nach dem Schema der einfachen Umkehr berechenbar zu werden, sind derartige Lernprozesse auch kaum zu erwarten. Allenfalls das Prinzip der sie bedrängenden Rechthaberei und Streitsucht und die Notwendigkeit, sich auf eine derartig reizbare Umwelt einzustellen, erkennt Alice und versucht, ihr Verhalten — zumal ihre Sprache — darauf einzustellen. Andererseits findet sie trotz der aggressiven Atmosphäre gerade die Fremdartigkeit des Wunderbaren so aufregend und erwartet bald solche Abweichungen von der Normalität, daß sie enttäuscht ist, wenn einmal nichts Extravagantes passiert und etwas seinen ganz gewöhnlichen Verlauf nimmt (S. 33). Die unbändige „curiosity" der Heldin, ihre spontane Unbefangenheit und kindliche Wißbegier gegenüber dem Unbekannten, ist das auslösende und bleibt das treibende Moment ihrer Abenteuer im Wunderland.

Von dem Augenblick an, da sie ein Kaninchen nervös die Taschenuhr ziehen sieht (dies erst erregt ihre Aufmerksamkeit: nicht die konventionelle Erscheinung des redenden Fabeltiers, das hier im Selbstgespräch um seine Pünktlichkeit bangt), folgt Alice ihrem lebhaften Sinn fürs Wunderbare. Und noch in Situationen, die Grund genug gäben, sich in die Geborgenheit der vertrauten Welt übertage zurückzuwünschen, möchte sie die weiteren Märchenabenteuer nicht missen. Sogar in der alptraumhaft klaustrophobischen Lage im Kaninchenhaus, als sie unaufhaltsam wachsend an die Grenzen des Innenraums stößt, bringt sie diese ambivalente Einstellung zum Ausdruck:

,It was much pleasanter at home', thought poor Alice, ,when one wasn't always growing larger and smaller, and being ordered about by mice and rabbits. I almost wish I hadn't gone down that rabbit-hole — and yet — and yet — it's rather curious you know, this sort of life! I do wonder what *can* have happened to me! When I used to read fairy tales, I fancied that kind of thing never happened, and now here I am in the middle of one?' (S. 58 f.)

Diese erste kritische Zwischenbilanz nach einem Viertel der Handlung stellt das Hals über Kopf begonnene und fortwährend irritierende Untergrundabenteuer in Frage, bezeugt aber den unverdrossenen Wunsch, die Erkundung der merkwürdig gewandelten Lebensumstände fortzusetzen, die zu verwirklichen scheinen, was einst als märchenhafte Fiktion abgetan worden war. Wie Alice in *LG* — und bezeichnend komplexer — auf den Umstand aufmerksam gemacht wird, daß sie in einen Traum verwickelt ist (S. 238), so sieht sie sich hier in ein Märchen hineinversetzt, dessen Eigenwirklichkeit sie gebannt hält. Darin liegt ein offensichtlicher Identifikationsanreiz für die jugendliche Leserschaft. Doch noch in spezifischerer Hinsicht dürfte die Situation der Heldin für dieses Zielpublikum besonders nachvollziehbar sein: Einmal ist ihre klaustrophobische Lage ein Extremfall der Reihe ihrer spektakulären Körperveränderungen, die sie meist mit gemischten Gefühlen — teils wunschträumerisch entzückt, teils alptraumhaft verstört — erlebt und die für Leser im Wachstumsstadium ihre eigene Faszination haben müssen. Sodann beginnt Alice hier eines jener inneren Zwiegespräche, die in spielerischer Rollenverteilung das Für und Wider einer Sache erörtern und im Endeffekt auf ihre Neigung zum „pretending to be two people" (S. 33) hinauslaufen.

Nonsense und Märchenhaftigkeit, Traumprojektion und Rollenspiel sind ausgeprägte Züge von *AW*, die zweifellos einen wesentlichen Anteil am Erfolg des Kinderklassikers haben. Wenn man die Alice-Bücher als Nonsense-Märchen etikettiert hat, so kann sich diese Zuordnung auf die von Carroll selbst gegebenen Stichworte „nonsense" und „fairy-tale" berufen, die allerdings in der Begriffsverwendung der Zeit nur recht locker das Unsinnig-Phantastische bezeichnen. Nach strengen Gattungsmaßstäben handelt es sich nur bedingt um Märchen.[5] Märchenhaft ist die Phantastik der nicht allegorischen Erzählung über die Bewährung einer Heldin mit festgelegtem Charakter in einer verlockend bis unheimlichen Wunderwelt mit sprechenden Tieren und Dingen, magischen Verwandlungen und schwer erreichbaren Zielen (unzugänglicher Garten, Krönung zur Königin). Doch Alice ist weniger eine in die Märchenwelt integrierte als eine mit ihr konfrontierte Heldin, eine Gegenspielerin, die die Denk- und Ausdrucksformen ihrer Alltagswelt in das verrückte Wunderland und verkehrte Spiegelland mitbringt und die massiven Verwirrungen ihrer Identität, ihres Sprach- und Realitätsverständnisses weitgehend unbeschadet übersteht, und zwar aus reiner Selbstbehauptung und ohne die märchenhafte Führung durch Ratgeberfiguren. Als wesentliche Abweichung vom Märchenschema kommt hinzu, daß das Erreichen

---

[5] Zur Gattungsfrage und Abgrenzung märchenhafter Züge vgl. Petzold: Das englische Kunstmärchen im neunzehnten Jahrhundert, Kap. 9.

5   UTB 1264 Kreutzer

des jeweiligen Ziels nicht die gewünschte Erfüllung bringt. Der Garten in *AW* bietet Alice keine paradiesische Enklave, sondern die lächerliche Künstlichkeit von Spielkartenfiguren, angemalten Bäumen und verdinglichten Tieren; sie versammelt einige der verrücktesten Kreaturen aus der Außenwelt und führt zur Antiklimax der Gerichtsgroteske. Die Krönung in *LG* bringt der Schachkönigin nicht einmal im Rahmen des Spiels die gebührende Achtung und steigert sich zu einer ähnlich chaotischen Schlußturbulenz. Die eigentliche Wende der Erzählungen bringt der Widerstand der Träumenden gegen den Traum im Moment des Erwachens.

Wenn solche Ironien des Abenteuerverlaufs Alice einiges von ihrer Statur als Märchenheldin nehmen, so mindert das kaum ihre zentrale Rolle als Identifikationsfigur. Denn die idealtypische Vertreterin einer Alltagswirklichkeit des Common Sense gegenüber dem irrealen Untergrund des Nonsense spricht wohl das Selbstbewußtsein auch schon der kindlichen Vernunft an. Dies um so mehr, als die anthropomorphen Wunderlandwesen eine bis zur Feindseligkeit abweisende und in sich geschlossene, gänzlich unverständliche, doch allenthalben vorherrschende Welt vertreten, die nur allzu offensichtlich ein karikaturistisches Zerrbild der Erwachsenenwelt widerspiegelt.

Die phantastisch-unsinnigen Abenteuer erzeugen im Leser gewiß mehr Faszination und Lachreiz als in der Heldin, die meist unmittelbar in beunruhigende Situationen oder ärgerliche Gespräche verwickelt ist. Doch auch Alice hegt ja sogar in prekärer Lage gemischte Gefühle, und wenn sie nur selten über die unfreiwillige Komik der Kreaturen lacht, so tut sie das zum Teil aus Wohlerzogenheit. Außerdem tritt sie keineswegs nur als standhafte Vernunftsperson einer verrückt spielenden Welt entgegen, sondern übernimmt diese Rolle erst zwangsläufig in der Auseinandersetzung mit den Nonsense-Gestalten. Die hyperbolische Phantasterei anläßlich ihres ersten „teleskopischen" Wachstums — die Vorstellung, daß sie mit ihren plötzlich entfernten Füßen nur noch brieflich verkehren könne — nimmt deutlich die Abstrusitäten der späteren Begegnungen vorweg (S. 35 f.). Wenn Alice sich nach derart selbsterzeugtem Unsinn brüsk zur Ordnung ruft, tritt sie ein weiteres Mal in zweierlei Person auf — einerseits als verspieltes Kind mit unverhohlener Lust am einfallsreichen Unsinn, andererseits als vernünftiges Kind mit dem Pflichtgefühl des respektablen Verhaltens. In gewisser Weise ist die Galerie der skurrilen Wunderlandwesen nur die aggressiv projizierte Vervielfältigung des von Alice durchaus geteilten Bedürfnisses nach Unsinn.

Ähnlich steht es mit anderen „Schwächen" der Heldin, die in den Kreaturen vergröbert widergespiegelt werden. Das zeigt sich schon in ihren ersten Tierbegegnungen. Wenn Alice in der Zurschaustellung ihres Schulwissens und der Distanzierung von der in einfacheren Verhältnissen lebenden Mabel einen Bildungs- und Sozialdünkel erkennen läßt (S. 38 ff.), so findet das in der angeberischen Schulbuchlektüre und dem wichtigtuerischen Erzählgedicht der Maus (Kap. 3) oder der herablassenden Besserwisserei der Raupe (Kap. 5) eine deutliche Entsprechung. Und man muß nicht so weit gehen, ihre wiederholte Bezugnahme auf die Katze Dinah vor der Maus und den Vögeln als verräterisch sadistischen Zug zu deuten (S. 42 f., 53), um diese verletzende Gedankenlosigkeit mit der viel rüderen Egozentrik der Tiere in Verbindung zu bringen. Ein Leitmotiv von wahrlich kindertümlicher Popularität geben die Essens- und Trinkgelüste von Alice ab. Ihre naschsüchtigen Assoziationen und ihr eilfertiger Verzehr von Zaubermitteln mit teils übermäßigen Folgen berühren sich mit Neigungen der Wunderlandwesen: von der Caucus Race-Preisverleihung, bei der Alice ironischerweise ihr Konfekt an die Tiere verteilen muß und selber (rollensymbolisch?) ihren Fingerhut überreicht bekommt, bis zum *corpus delicti* des Kuchens, den der Herzbube am Hof gestohlen haben soll, wofür er die Todesstrafe erwarten kann.

Unverkennbar spielt die Thematik von Grausamkeit und Angst im Wunderland eine Rolle. Schon während ihres Falls durchs Kaninchenloch impliziert Alice in einer Assoziationskette unbewußt verharmlosend das Motiv des tödlichen Sturzes und wirft mit klangspielerischer Nonchalance die Frage auf „Do cats eat bats? [...] Do bats eat cats?" (S. 27 ff.) — subversive Aspekte der Sterblichkeit und des Lebenskampfs, die in Anspielungen vielfältig wiederkehren.[6] Der animalische Selbsterhaltungstrieb des Fressens oder Gefressenwerdens und — mehr noch — ein anthropomorpher Selbstbehauptungstrieb gegenüber dem sozialen Umfeld kennzeichnen das Verhalten der Wunderlandkreaturen, zumal in ihrer Feindseligkeit gegenüber der Außenseiterin Alice, aber auch in ihrer egozentrisch-reizbaren Isolation untereinander. Alice ihrerseits erfährt Ängste sowohl an sich selbst wie in der Konfrontation

---

[6] Diesen in der Sekundärliteratur immer wieder hervorgehobenen, wenn auch recht unterschiedlich gewichteten Motivkomplex hat William Empson: Some Versions of Pastoral. 1935; rpt. New York 1960, Kap. 7, zuerst herausgearbeitet. Dort wird auch bereits auf einen darwinistischen Zug aufmerksam gemacht.

mit den Kreaturen. Das beklemmende Moment ihrer Abenteuer muß allerdings differenziert gesehen werden. Ihr Fall ins Erdinnere etwa hat für sie nichts Alptraumhaftes, sondern den Reiz träumerischer Schwerelosigkeit, und ihre Selbstentfremdungsgefühle anläßlich des Kontrollverlusts über Körper und Geist sind vorübergehende Anwandlungen. Bei den Wunderlandwesen gerät sie auffälligerweise nie ernsthaft in körperliche Gefahr. Immer ist sie nur, wenn auch massiv, geistigen Verunsicherungen ausgesetzt. Es gibt derb-komische Einzelaktionen und kritische Momente auf beiden Seiten, doch wenn Alice die Eidechse Bill mit einem Fußtritt aus dem Schornstein des Kaninchenhauses befördert oder als Winzling plötzlich an ein verspieltes riesiges Hündchen gerät, wirkt das eher harmlos und belustigend.[7] Und bezeichnenderweise bleiben die bedenklichsten Drohgebärden im reinen Verbalismus stecken, wie etwa die schon reflexhaft herausplatzenden Köpfungsurteile der Herzkönigin. Im übrigen entschärft sich die gewalttätige Atmosphäre in diesem Teil des Buchs, wenn Alice zum Bewußtsein kommt, daß sie in den despotischen Wesen schließlich nur Spielkarten vor sich hat (S. 108 ff.). Doch auch die Tiere sind auf eine eher kleinliche Widerborstigkeit hin stilisiert, ohne damit im geringsten an Monstrosität zu verlieren: Weder bösartige noch gutmütige Tiere in der Tradition von Fabel und Märchen, weder furchterregend wilde noch heimelig zahme Tiere aus der vertrauten Realität, sind sie eher befremdliche Ausgeburten der menschlichen Lust — oder Unlust — am Unsinn.

Sowohl in ihren individuellen Abenteuern (Wachstum usw.) als auch in ihren sozialen Abenteuern (Interaktion mit den Wunderlandwesen) macht Alice emotionale Erfahrungen, die wiederum kindlichen Lesern ausgeprägte Identifikationsmöglichkeiten bieten, insofern sie den Nachvollzug und die Projektion charakteristischer Wünsche sowie die Ventilierung oder Kompensation entsprechender Ängste nahelegen. Die Entfremdungs- und Unterlegenheitsgefühle, Entgrenzungs- und Überlegenheitsbedürfnisse, die Selbsterprobung und Rollenübernahme des heranwachsenden Kindes in der Auseinandersetzung mit der Umwelt spielen hier vielfältig hinein.

---

[7] Die Abenteuerfolge in Kap. 4 erinnert durch die Verzerrung und Verkehrung der Größenverhältnisse an die ersten beiden Teile von *Gulliver's Travels:* Zunächst wird die gewaltig gewachsene Alice von dem ängstlich-aggressiven Kaninchen und seinem Gesinde belagert; dann wird die zu stark Geschrumpfte zum Spielobjekt eines Hündchens, das allein durch seine Riesengröße nicht ungefährlich ist.

Alice findet sich im Wunderland einer ambivalent andersartigen Welt gegenüber, die phantastische Entdeckungsmöglichkeiten bietet und absolute Verwirrung stiftet und die sie weder offen vergnügen noch nachhaltig verängstigen kann. Verwunderte Neugier und unbehagliche Irritation kennzeichnen ihr Verhalten, „puzzled" und „uneasy" sind neben „curious" die ihr zugeordneten Schlüsselwörter. In immer neuen Ansätzen versucht sie, die Spielregeln dieser rätselhaften Welt zu ergründen, nur um auf die paradoxe Methode einer prinziplosen Regelwidrigkeit zu stoßen. Sie muß es sich gefallen lassen, von den Wunderlandkreaturen ausgefragt, herumkommandiert und bloßgestellt zu werden, während ihre eigenen Fragen und Einwände nicht ernst genommen werden. Es ist die Situation des Kindes gegenüber einem undurchschaubaren „erwachsenen" System, dessen höherer Sinn nach bewährten Maßstäben nur als Blödsinn erscheinen kann.

Wichtig ist in diesem Zusammenhang, daß Alice sich aufgrund einer erstaunlichen Selbständigkeit bewährt. Ohne rückversichernde Gedanken an ihr Zuhause (die Eltern werden mit keinem Wort erwähnt) verläßt sie sich auf eine Reihe erprobter Tugenden des viktorianischen Mittelstandsmädchens: Unverdorbenheit, Lernbereitschaft, Vernunft und gesunder Menschenverstand, Vertrauen, Geduld und Sanftmut, Höflichkeit und Hilfsbereitschaft, Zielstrebigkeit und Beherztheit wappnen sie gegen die verwirrendste Erfahrung im Wunderland — die Verfremdung gerade der vertrautesten Erfahrungsbereiche des Kindes. Nicht von ungefähr erscheinen hier Freizeit und Spiel, Heim und Herd, Unterricht und Geselligkeit grotesk verzerrt. Vom anarchischen (wenngleich letztlich nützlichen) Wettkampf des Caucus Race bis zum absurd unspielbaren (und auch irgendwann aufhörenden) Croquet-Match spannt sich der Bogen; von der konfusen Erzählrunde um die Maus über die geistesabwesend schmökende Raupe und die verrückte Teegesellschaft bis zur wilden Quadrille der Mock Turtle. Und vom Kaninchen zur Herzogin und schließlich zum Hof steigert sich mit der Hierarchie das Chaos der häuslichen Verhältnisse. Dazwischen immer wieder jene Situationen, wo Alice Kostproben ihres Schulwissens anbringen möchte, doch kläglich scheitert: Ihre peinlichen Verballhornungen von Fachausdrücken und besonders ihre unfreiwilligen Parodien ganzer Gedichte stehen kaum den mutwilligen Kalauern und unsinnigen Rezitationen der Wunderlandwesen nach.

Solche Komik auf Kosten pädagogischer Konventionen hat ohne Zweifel großen Anteil am Erfolg gerade beim Kinderpublikum.

Wenn die Mock Turtle mit den Schulfächern ihren konsequenten Unfug treibt — den Grundkenntnissen in „Reeling and Writhing", den Rechenarten „Ambition, Distraction, Uglification and Derision", der Geschichts- und Länder- (= Meeres-) Kunde „Mystery [...] with Seaography", dem Kunstunterricht in „Drawling, Stretching, and Fainting in Coils" und den alten Sprachen „Laughing and Grief", so bringt sie über die unsinnige Wortverdrehung hinaus spöttische Konnotationen ins Spiel, die der Sympathie aller Schulkinder sicher sein können und in der Erklärung des Gryphon ihren krönenden Abschluß finden, wonach die Unterrichtsstunden „lessons" heißen „because they lessen from day to day" (S. 129 f.). Werden hier die Affekte gegenüber einzelnen Fächern oder das Wunschdenken vom Ende allen Unterrichts angesprochen, so gilt dies mehr noch für die Widerstände gegenüber den in Schule — und Elternhaus — verwandten didaktischen Methoden und Materialien. Die Maus liest ihren naß gewordenen Gefährten aus Havilland Chepmells ‚trockenem' *Short Course of History* (1862) vor, dessen Fremdwörter sie offenbar selbst nicht versteht (S. 46 f.). Der Siebenschläfer erzählt die Unsinnsgeschichte von den drei kleinen Schwestern, die im Syrup-Brunnen zeichnen lernen, und zwar zunächst nach der Natur eben Syrup, der sich wie Wasser aus dem Brunnen ‚ziehen' läßt (Wortspiel mit *draw*), dann in abstrakter Abc-Willkür ‚alles, was mit M beginnt' (S. 100 f.). Der Mad Hatter verballhornt Jane Taylors populären Kindervers „Twinkle, twinkle, little star", indem er den angesprochenen Stern groteskerweise durch eine Fledermaus ersetzt und statt wie das Original mit einem Diamanten nun gänzlich unpassend mit einem Teetablett vergleicht — eine unsinnige Banalisierung, die allein den ewigen Teetrinker verrät (S. 98 f.). Die Mock Turtle verunglimpft in ähnlicher Manier das populäre Lied „Star of the Evening" von James M. Sayles, indem sie aus der Apostrophe des Abendsterns das klangvolle Loblied „Beautiful Soup" macht, dessen appetitanregende Suggestivität die Ironie verdeckt, daß der Sänger selbst für den Suppentopf bestimmt ist (S. 141).[8]

---

[8] Carroll verarbeitet hier wieder Anregungen der kleinen Liddells: Chepmell gehörte zu ihren Lehrbüchern; die einbezogene Geschichte von Elsie, Lacie und Tillie spielt auf L(orina) C(harlotte), Alice (Anagramm) und Edith (Spitzname Matilda) an; „Star of the Evening" hatte ihm das Trio vorgesungen (Diaries, S. 2, 172, 185). Die Liddells lernten bei Miss Prickett auch rezitieren und hatten zusätzlich Privatlehrer für moderne Sprachen und musische Fächer (Diaries, S. 174). Carroll macht das Zeich-

Die *AW* durchziehenden Gedichte und Lieder bilden neben dem —
vorwiegend dialogischen — Erzählen und den funktionalen Illustrationen eine wesentliche dritte Komponente des Buchs: als Parodien volkstümlicher Verse und satirische Abrechnung mit Kinder-
stubenlyrik. So verändern Rezitationsfehlleistungen von Alice
gleich zweimal Verse aus den moralisierenden *Divine and Moral
Songs for Children* (1715) von Isaac Watts, die Generationen von
Schulkindern hatten auswendig lernen und bei festlichen Anlässen
vortragen müssen. Unversehens entwickelt sie aus dem Vorbild der
emsigen Biene in dem mahnenden Gedicht „Against Idleness and
Mischief" das groteske Gegenbild des seine Beute grinsend erwar-
tenden Krokodils (S. 38) oder verkehrt sie das Arbeitsethos des
warnenden Gedichts „The Sluggard" unter dem Eindruck des
Hummertanzes in eine seltsame Fabel mit darwinistischer Freßmo-
ral (S. 139 f.). Solche satirischen Implikationen dürften freilich den
kindlichen Lesern kaum bewußt werden, die in erster Linie an den
unsinnigen Abweichungen vom nur allzu Bekannten ihre spontane
Freude haben. Im übrigen gibt es bei den Gedichten ein breites
Spektrum komischer Spielarten von der direkten satirischen Verkehrung eines liebevollen Erziehungsideals ins Gegenteil einer sadistischen Realität im „Wiegenlied" der garstigen Herzogin (S. 85)
bis zum puren Nonsense des von Carroll selbst beigesteuerten Gedichts „They told me you had been to her, / And mentioned me to
him . . .", dessen obskure Pronominalkonstruktionen keinerlei Personen identifizieren und so als Beweismaterial vor Gericht denkbar
untauglich sind (S. 158). Die Satire tritt dort deutlich im Kontext
der Verhandlung hervor, die der inhaltlichen Leere des Beweis-
stücks gar die raffinierteste Täuschung unterstellt.
Wenn Kinder an solchen Ironien in der Tradition der Rechtspre-
chungssatire vorbeigehen, so werden sie im selben Kapitel durch die
Einbeziehung eines alten Kinderreims, dem Gedicht von der Herzkönigin, deren Kuchen vom Herzbuben gestohlen werden, entschä-
digt (S. 146). Carrolls Anverwandlung des Kinderreims ist ein
Verfahren, das er in *LG* weiterentwickeln sollte und das insofern
in der Tradition der Kinderfolklore steht, als die Nursery Rhymes
volksläufige Veränderungen durchmachen oder Varianten bilden,
die nicht selten auf satirische Effekte zielen oder auch rein sprach-

---

nen (im schlaraffenartigen Brunnen), Rezitieren und Singen (in den
Versparodien, die die Sterne vom Himmel holen) durch die augenzwinkernde Einbeziehung des kindertümlichen Essensmotivs besonders
„schmackhaft".

spielerischen Unsinn ergeben.[9] Die Frage allerdings, worin für Kinder im Gegensatz zu Erwachsenen die Komik der Alice-Bücher liegt, ist schon deshalb schwer zu beantworten, weil sie sich mit der Gegenfrage berührt, ob bei der kindlichen Lektüre nicht vielmehr das Gefühl der Beklemmung überwiegt.[10] Sicher ist wohl allein, daß beängstigende und belustigende Züge sich für Kinder vermischen und die Bücher schon insofern vom Kinderpublikum anders aufgenommen werden als von Erwachsenen. Das zeigt sich gerade am Hauptgegenstand kindlicher Verspottung: den repressiven Ritualen einer egozentrisch verschlossenen Erwachsenenwelt. Viel hängt hier vom Identifikationsgrad des Lesers gegenüber der Heldin ab, und auch in dieser Hinsicht wird man differenzieren müssen, geht doch etwa die Komik von Alices unfreiwilligen Gedichtparodien auch auf ihre eigenen Kosten. Die subtileren Ironien des Buchs allerdings werden ähnlich wie die denksportlichen Anreize allein den erwachsenen Leser beschäftigen können, und selbst ihm dürfte so manches entgehen.

---

[9] Tucker, S. 30 ff., weist auf die oft den Erwachsenen trotzende „nursery lore" und die Parodie von ‚Möchtegern-Kinderreimen' wie „Twinkle, twinkle, little star" hin. Ähnliches gilt für die Rezitationsstücke von Watts bis Tennyson. Die Parodien in volksläufigen Kinderreimen sparen religiöse oder sexuelle Tabus (um deren Einhaltung sich Carroll peinlich bemühte) keineswegs aus. Sie führen aber ebenso leicht aus dem übermütigen Spaß um seiner selbst willen zu sprachspielerischen Formen des Unsinns.

[10] Vgl. die gegensätzlichen Aussagen über den Respons kindlicher Leser bei Lehmann, der die Komik des Nonsense gegenüber Angstgefühlen eines eher gruseligen Wohlgefallens herausstreicht, während Rackin das Horror-Erlebnis gegenüber dem Amüsement betont: John Lehmann: *Alice in Wonderland* and its Sequel. In: Revue des Langues Vivantes 32 (1966), S. 119; Rackin: Laughing and Grief, S. 3. Auch wenn man einen hohen Horroranteil annimmt, bleibt die grundsätzliche Frage der Auswirkung solcher Züge auf Kinder umstritten (Tucker, S. 200 ff.). Und wo die komischen Elemente hervorgehoben werden, geschieht dies oft mit stark unterschiedlichen Akzenten. Kinkaid etwa sieht Alice als Vertreterin des Kindes, das sich in der übereilten Flucht aus dem Stadium der Unschuld dem Chaos der Monster widersetzt, ironischerweise aber die positive Seite des freien Spiels in dieser Welt verkennt. Dagegen sieht Kibel gerade in ihrem Eingehen auf die paradoxe Welt der Monster eine lernwillige Vorbereitung auf die Komplexitäten des Erwachsenseins. Vgl. James R. Kinkaid: Alice's Invasion in Wonderland. In: PMLA 88 (1973), S. 92—99; Alvin C. Kibel: Logic and Satire in *Alice in Wonderland*. In: The American Scholar 43 (1974), S. 605—629.

Die Kapitel 5 und 6 bieten dazu einige Beispiele. Im 5. Kapitel werden Kinder recht deutlich im „Das-verstehst-du-noch-nicht"-Gehabe der Raupe das nur allzu vertraute Verhalten des autoritären Erwachsenen verspottet sehen — eine (vom Bild gestützte) Herablassung, Nörgelei, Mißgelauntheit, Wichtigtuerei und Schulmeisterei — und an der unorthodoxen Verrücktheit und dem szenischen Klamauk der „Father William"-Parodie ihre helle Freude haben, auch dann, wenn sie Robert Southeys volkstümliches Lehrgedicht nicht auswendig können sollten. Doch ob sie die ironischen Wechselbezüge und Entsprechungen zwischen Raupe und Vater William oder Raupe und Alice erkennen, muß bezweifelt werden. In beiden Fällen handelt es sich um eine Ratschlag-Satire. Statt der kleinen Alice, die wieder zu sich selbst kommen möchte, mit Rat und Tat beizustehen, treibt die Raupe sie systematisch noch tiefer in die Verwirrung. Ähnlich gibt Vater William, Sinnbild der auf den Kopf gestellten Altersweisheit, seinem Sohn eine Art Lebenskunde, die allein in der Systematik der satirischen Gegenbeispiele einen stimmigen Sinn ergibt, bis in der Verweigerung der „überzähligen" Frage der reine Nonsense erreicht wird und die gesteigerte Lesererwartung unbefriedigt bleibt. Eine wesentlich hinzutretende Ironie im Verhältnis von Raupe und Alice ergibt sich aus der Tatsache, daß beide ein Übergangsstadium verkörpern — die Raupe wird sich erst in eine Larve und dann in einen Schmetterling verwandeln; Alice will zur normalen Größe und einem geregelten Wachstum zurück. Um so widersinniger ist es für die Raupe, die Rolle des Überlegenen zu spielen.

Eine weitere Ironie betrifft allein Alice. Als sie am Ende des Kapitels durch das dosierte Knabbern am Pilz ihr Wachstum unter Kontrolle gebracht, ihre gewohnte Größe wiedergefunden und damit die Hälfte ihres Plans durchgeführt hat, muß sie sogleich aus strategischer Rücksicht auf weitere Begegnungen in einen kleineren Maßstab zurückkehren. Immerhin hat sie nun für längere Zeit auch geistig eine erkennbar größere Standfestigkeit erlangt. Erst sehr viel später kommt es wieder zu Rezitationsfehlleistung (S. 139) und unwillkürlichem Wachstum (S. 147) — zugleich ein deutliches Anzeichen dafür, daß keine Entwicklungssymbolik intendiert ist. Für die unmittelbar folgenden Begegnungen hat sie allerdings eine gefestigte Vernunft bitter nötig, wird sie doch nun mit einer besonders wahnwitzigen Welt konfrontiert. Die Cheshire Cat bestätigt dies ja ausdrücklich einer miteinbezogenen Alice, die gleichwohl verwundert Abstand zu wahren versucht (S. 89 ff.). Der Verfremdungseffekt der grotesken Verzerrung und Verkehrung des Vertrauten und Beliebten tritt in dieser Episode besonders krass hervor. Die Katze selbst verkörpert die absolute Verrätselung von Alices Lieblingstier: Dinah ist das einzige Wesen aus der Wachwirklichkeit, auf das die Träumende sich regelmäßig bezieht. Als ruhender Pol erscheint die grinsende Katze in der — vor dem Schluß-Crescendo — turbulentesten Szene des Buchs: der verkehrten Welt der Herzogin. Die abstoßende Herzogin, die ihr Baby sadistisch mißhandelt, und die rabiat mit dem Essen und Gerät umspringende Köchin machen jenen Bereich von Heim und Herd zur Farce, der als Inbegriff häuslicher Wärme zu den beliebtesten Konventionen der Kinderliteratur gehört. Und das Baby, von Alice fürsorglich aus diesem Tohuwabohu gerettet, verwandelt sich unversehens in das, was es für die Herzogin vorher schon war — ein Ferkel. Über die Metamorphose des häßlichen Knäbleins zum gemäßeren Schwein in Alices Armen mag man natürlich seine eigenen autorpsychologischen Überlegungen anstellen. Auch die spätere Wandlung der Herzogin zur aufdringlichen Moraltrompeterin und hexenhaft anschmiegsamen Freundin von Alice gibt in dieser Hinsicht zu denken. Nicht von ungefähr sind die herrschsüchtigsten und unberechenbarsten Gestalten des Wunderlands Frauen wie die Herzogin und die Herzkönigin — Ausgeburten matriarchalischer Phobien.

Ob mit Gefühlen des Unbehagens oder des Vergnügens — kindliche und erwachsene Leser reagieren oft genug auf die gleichen Textmerkmale unterschiedlich. Selbst wo der Respons grundsätzlich ähnlich ist, kommen divergierende Beweggründe ins Spiel. Das gilt gerade für jene Qualität der Alice-Bücher, denen sie in besonderem Maße ihren Reiz verdanken: die spielerische Sprachkomik des Nonsense. Die unsinnige Verwirrung der Kommunikation und der eigenen Sprache erfährt Alice in der systematischen Unterminierung des Verständigungsvorgangs durch die wunderlichen Gesprächspartner und die entstellende Reproduktion vermeintlich verfügbarer Texte. Was allgemein für *AW* gilt, tritt nicht zuletzt am Spiel mit der Sprache hervor: Inkongruent und metamorph ist das Wunderland bis ins einzelne Wort hinein. Abnormes Sprachverhalten zeigt sich in vielen Spielarten: im willkürlichen Wörtlichnehmen figurativer Bedeutungen (*to drown in one's tears* vergegenständlicht sich für Alice in einer ganzen Tränensee-Episode) und obskurer Redewendungen (*to grin like a Cheshire Cat* erzeugt eine leibhaftige Katze samt Grinsen), im konkreten Mißbrauch von Abstrakta (aus dem Begriff „time" wird über die assoziierte Idiomatik des „wasting", „beating" und „murdering" die Personifika-

tion „Time", S. 97 ff.) und der Befrachtung von Namen mit Wort-
inhalten („The Rabbit Sends in a Little Bill" lautet die Überschrift
von Kap. 4, wo die Eidechse Bill gleichsam als lebendige ,Anklage-
schrift' auf die Hausbesetzerin Alice losgelassen wird), in der
kalauerhaften Verwechslung („tale" oder „tail" der Maus, das ist
die Frage) oder Vertauschung von Wörtern (aus *drawing* mach
„drawling", sagt die Mock Turtle). Die Unberechenbarkeit der
Kreaturen und die Unsicherheit der Heldin gehen vor allem von
der Unzuverlässigkeit einer Sprache aus, in der sämtliche Regeln
überspielt werden und ein Wort sich unversehens ins andere verwandeln kann. Das geschieht zumal im dialogischen Aneinander-
vorbeireden, das von den Kreaturen mit einfallsreicher Beharrlich-
keit betrieben wird: Scheinmißverständnisse und scheinlogische
Argumente, Wortklauberei und Begriffsverdrehung, eine subjektive Sprachmanipulation von der schlagfertigen Pointe bis zur
heillosen Gesprächsverhedderung, von der launigen Alberei bis
zum orakelhaften Hintersinn. Wenn die Herzogin in wortspielerischer Abwandlung des Sprichworts von der pfennigehrenden
Sparsamkeit eine Spruchweisheit über den sinnvollen Umgang mit
der Sprache macht, so verkündet sie ein beherzigenswertes Prinzip,
das von den Wunderlandwesen ebenso übermütig ignoriert wird:
„Take care of the sense, and the sounds will take care of themselves" (S. 121). Die Zufälligkeiten der Klangähnlichkeit vor die
Sinnzusammenhänge des Sprachsystems zu stellen, ist das charakte-
ristischste Verfahren des Wortspiels.
Von den Implikationen des Spiels mit der Sprache in linguistischer,
logischer, erkenntnistheoretischer oder poetologischer Hinsicht, die
selbst an den erwachsenen Leser erhebliche Ansprüche stellen, werden Kinder kaum etwas mitbekommen.[11] Allerdings darf in diesem Zusammenhang nicht vergessen werden, daß das ursprüngliche
Zielpublikum der Kinder über sieben Jahre einer Altersstufe ange-
hört, die nach dem Modell von Piaget zwischen Sprachzeichen und
Gegenstand, Wort und Name, Traum (Fiktion) und Realität zu
unterscheiden und gleichzeitig spielerisch die Regeln des sozialen
Systems zu entdecken beginnt, was aber noch mit viel Unsicherheit
bzw. Unbekümmertheit verbunden ist. Die vorbehaltlose Fähig-

---

[11] Eine systematische Untersuchung von Carrolls Sprachtheorie und
stilistischer Praxis gibt Robert D. Sutherland: Language and Lewis Carroll. Den Haag 1970. Das Spielelement im Nonsense betonen besonders
stark Elizabeth Sewell: The Field of Nonsense. London 1952, und Alfred
Liede: Dichtung als Spiel. Studien zur Unsinnspoesie an den Grenzen der
Sprache. Berlin 1963, Bd. I, S. 157—204.

keit, sprachlichen Unsinn als zweckfreies Spiel zu genießen, die Lust an der klangmagischen Ästhetik der Sprache und am kreativen Jonglieren mit Wörtern besitzen sie noch in weit größerem Maße als die Erwachsenen, wie die Vorliebe für Unsinnsverse, Lautmalereien, Reduplikativa, Reimketten, Wortspielfolgen usw. offenbart. Daß die wortspielerische Ventilierung von Affekten gegen die sach- und sprachbezogenen Verbotsschilder der Erwachsenenwelt eine wesentliche Funktion ausübt, macht die Tradition der volksläufig-unzensierten Kinderreime deutlich. Doch weit häufiger dürfte der Beweggrund in der elementaren Freude am Spiel um seiner selbst willen zu finden sein, die sich in der Sprache wie im Verhalten des Kindes äußert.[12]

2. Alice jenseits des Spiegels

Das Folgebuch *LG* versetzt Alice in ein ähnliches Traumland, und es gleicht ihm in der Grundkonzeption wie in zahllosen Einzelheiten so sehr, daß man sich große Teile zwischen den Büchern austauschbar denken kann und in der Tat nach der Lektüre auch bald zu verwechseln beginnt. Bei einem eingehenderen Vergleich werden allerdings doch aufschlußreiche Verlagerungen thematischer und formaler Art sichtbar.[13] Wie die um ein halbes Jahr ältere Heldin — charakterlich zwar unverändert, doch eine Spur selbstbewußter — im zielstrebigen Rollenspiel sich in die Welt jenseits des Spiegels manövriert, so geht der Autor zwar nach dem gleichen literarischen Rezept, doch ehrgeiziger und systematischer zu Werke. Das Traumgeschehen ist so voll verrückter Überraschungen wie beim vorangegangenen Buch, doch zumindest andeutungsweise

---

[12] Zum kindlichen Respons auf die Komik von *AW* vgl. Jacqueline Flescher: The Language of Nonsense in *Alice*. In: Yale French Studies 43 (1969), S. 143. Zum kindlichen Sinn für Komik, Unsinn und Sprachspiel allgemein vgl. Iona und Peter Opie, Kap. 2—6, und Hermann Helmers: Sprache und Humor des Kindes. 2. Auflage. Stuttgart 1971. Einen systematischen Überblick über das Motiv des Spiels bei Carroll vermittelt Kathleen Blake: Play, Games, and Sport. The Literary Works of Lewis Carroll. Ithaca, N. Y., 1974.

[13] Einen besonders kompakten Vergleich beider Bücher bietet Levin, S. 188 f.

stärker durchstrukturiert: Das unterlegte Schachspielschema suggeriert eine Partie, in der verlebendigte weiße und rote Schachfiguren sich in weithin figurentypischen Einzelzügen (die Königinnen geschäftig und die Könige schwerfällig, der White Knight als bizarrer Springer) über eine schachbrettartig gemusterte Landschaft bewegen, doch das Ganze läuft ohne den Seitenwechsel eines echten Spiels ab.

Alice nimmt als weißer Bauer am Spiele teil und bringt ihrer Seite in elf Zügen den Sieg, indem sie Königin wird und schließlich die rote Königin nimmt. Wenn Carroll die Heldin der weißen Seite zuordnet, mag er eine gewisse Sinnbildlichkeit andeuten, gewinnt doch so die schwächere, aber gutmütige Partei gegen die energischere, vereinnahmende Partei, nämlich die Seite der White Queen, die mit Alice zu den Traumbinsen rudert, und des White Knight, der als einziger ihr sichtlich zugetan ist und auch weiterhilft, gegen die Seite der Red Queen, welche die ‚kühle Leidenschaft‘ einer herrschsüchtigen Gouvernante verkörpert, und des Red King, der Alice insofern am ärgsten zusetzt, als er sie möglicherweise längst zu einem Teil seines eigenen Traums gemacht hat. Es ist bezeichnend, daß sie die existentielle Frage, wer nun eigentlich wen geträumt hat, über den Traum hinaus im Wachzustand beschäftigt. Auch im geweckten Problembewußtsein erscheint somit Alice um einiges reflektierter als in *AW*, ein Umstand, der sich außerdem darin abzeichnet, daß sie hier wie die ältere Schwester im ersten Buch rationalisierende Bezüge zwischen Traummotiven (rote und weiße Königin) und Objekten der sie umgebenden Wirklichkeit (die Kätzchen Kitty und Snowdrop) herstellt. Nicht nur im äußerlichen Sinne wirken Traumwelt und Spielfeld im zweiten Wunderland begrenzter. Die Dialektik von Träumer und Geträumtem verweist ebenso wie die von Spieler und Gespieltem auf übergeordnete Instanzen, die alles Erlebte und Getane zu kontrollieren scheinen. Die Frage, wer nun eigentlich die Schachpartie spielt, stellt sich kaum weniger dringlich als die nach dem Traum. Carroll läßt das nachgeschobene Gedicht in der rhetorischen Frage des Topos „Life, what is it but a dream?“ gipfeln und Alice beim ersten Anblick der Schachbrettlandschaft den ebenso geläufigen Topos von der Welt als großem (Schau-)Spiel implizieren: „It's a great huge game of chess that's being played — all over the world“ (S. 207 f.).

Jedenfalls bringt die Teilnahme der Heldin an einem Spiel, das doch prinzipiell nach festgelegten Regeln der Figurentypik und -konstellation und des kämpferischen Zugzwangs gespielt wird, ihre

Einordnung in ein geschlossenes System mit sich; und sie kann sich der allgemeinen Determiniertheit nicht entziehen. Alice ist hier weniger die Heldin, die in einer verwirrenden Abenteuerfolge ihre spontanen Entdeckungen macht. Sie ist einerseits stärker in den Spielvorgang einbezogen, andererseits bewegt sie sich mit der größeren Distanz der Beobachterin von Feld zu Feld. Die begrenztere Welt ist zugleich überschaubarer geworden: Alice hat ein Ziel vor Augen, dem sie mit jedem Sprung näher kommt; die anderen Spielfiguren wirken noch fixierter in ihren Obsessionen und Redeautomatismen; die Symmetrie der Paare, die Geometrie der Felder und die Positionswechsel haben etwas Starr-Mechanisches. Auch die Tatsache, daß Carroll die reglementierte Schachwelt, die zwar für das Zielpublikum einen nachweislichen Reiz besaß, aber doch nach Auflockerung verlangte, mit Kinderreim-Einlagen kombinierte, ändert daran nichts. Die in Szene gesetzten bekannten Geschichten vom Streit der Zwillinge Tweedledum und Tweedledee um ihre Rassel, von dem Fall des eiförmigen Humpty Dumpty von der Mauer und dem Kampf von Löwe und Einhorn um die Krone sind vorgezeichnete Rituale, die auf ihre Art den Gesamteindruck der Determiniertheit unterstreichen und darüberhinaus die Funktion erfüllen, die spiegelbildliche Dynamik des Ganzen zu stützen.

Damit wird aber zugleich deutlich, daß die Motive des auf Überwältigung zielenden Widerstreits und der komplizierte Verkehrungseffekte erzeugenden Widerspiegelung übergeordnet sind. So wie das Schachspielfeld ins Spiegelland eingebettet ist, erweisen sich die antagonistischen Spiegeleffekte als das umfassendere Prinzip. Nirgends treten sie so eindringlich hervor wie in der Methode der Inversion.[14] Das endlose Spiel mit Umkehr-Gags macht das Spiegelland sehr viel gründlicher als das Wunderland zu einer verkehrten Welt. Die räumlichen Verhältnisse von oben und unten, rechts und links, nah und fern werden ebenso gegeneinander ausgespielt wie die zeitliche Folge von vorher und nachher, Ursache und Wirkung. Wenn Alice im Garten der lebendigen Blumen eine bestimmte Stelle erreichen will, muß sie in die entgegengesetzte Richtung laufen, während sie auf der gleichen Stelle nur bleiben kann, wenn sie aus Leibeskräften rennt (S. 205, 208 ff.). Bei der weißen Königin wird ihr ein rückläufiges Leben vorgeführt, in dem die

---

[14] Zum zentralen Motiv des Streits vgl. Alexander L. Taylor: The White Knight. A Study of C. L. Dodgson (Lewis Carroll). Edinburgh 1952, S. 128. Zum vorherrschenden Inversionsprinzip vgl. Stephen Prickett: Victorian Fantasy. Hassock 1979, S. 135 ff.

Verurteilung vor dem Verbrechen kommt und der Schmerz des blutenden Fingers vor dem Stich der Nadel (S. 247 ff.). Wichtig ist allerdings, daß auch diese Methode allein dem Prinzip nach, nicht in der konsequenten Durchführung eines Umkehreffekts oder der satirischen Verfolgung eines bestimmten Ziels verwandt wird: Im Mittelpunkt stehen wiederum gerade die unberechenbaren Inkongruenzen eines Nonsense, und faszinierend wirkt der Einfallsreichtum seiner vielfältigen Spielarten. Die Verkehrungseffekte gelten immer nur für momentane Demonstrationszwecke und widersprechen sich oft genug in der gleichen Episode. Die Steigerung des Geschehens zur hierarchischen Groteske der Hofgesellschaft als größtem Tollhaus verfolgt kaum eine satirische Absicht, sondern führt zum Höhe- und Wendepunkt eines Aufstands der Dinge, die beim Erwachen der Heldin ins Puppenstubenformat zurücksinken.[15]

Die enorme Vielfalt der unsinnig-spielerischen Inversionen läßt sich wiederum bis in den Bereich der Sprache und des Denkens verfolgen. Humpty Dumpty spielt — mit deutlichen Anzeichen kindischen Eigensinns — das *enfant terrible* aller Philologie, indem er die linguistischen und literarischen Konventionen sämtlich auf den Kopf stellt: Namen haben um jeden Preis etwas zu bedeuten; Wörter nehmen die Bedeutungen an, die ihnen der Sprecher gibt; Gedichte lassen sich interpretieren, bevor sie auch nur verfaßt sind; und das Verhältnis von Sprecher und Sprache bemißt sich schließlich nach der Frage, wer wen beherrscht. Nicht genug mit solcher Theorie, zeigt Humpty Dumpty auch in der Praxis, wie man nach Gutdünken mit der Sprache umspringen kann. Seine Redeweise ist so voller Kalauer und Paradoxien, daß Alice sich eher in ein Frage- und Antwort-Spiel als in ein Gespräch verwickelt sieht. Seine Erklärung der „portmanteau words" in dem Nonsense-Gedicht „Jabberwocky", also der spielerischen Mischwortprägungen dieser Balladenparodie, zeigen den assoziationsfreudigen Sprachtüftler in seinem Element, kann er hier doch lexikalische Schwierigkeiten als klangbedingte Wortüberlagerungen enträtseln. Schließlich gibt er eine ungebetene Kostprobe aus der eigenen Unsinnsdichtung, eine umständliche Verserzählung, die in pointenloser Ab-

---

[15] Wenn direkte zeitsatirische Anspielungen in *LG* erkennbar sind, dann handelt es sich neben den offensichtlich wiederkehrenden anti-didactischen Seitenhieben eher um Ironie, die auf den krasser werdenden Utilitarismus und Materialismus und die zunehmende Hektik der Viktorianer gemünzt sind: vgl. Roger B. Henkle: Comedy and Culture. England 1820—1900. Princeton 1980, S. 210 f.

ruptheit endet. Wäre ihm der Fall nicht gewiß — der Hochmut dieses Sprach-Beherrschers nähme keine Ende. Allein des Rätsels Lösung im Kinderreim, das Zerbrechen des Eies, verhindert die weitere Verrätselung seiner Anverwandlung in *LG*.

Gerade die derartig verwandte Kinderreim-Figur macht deutlich, wie weit sich Carroll teilweise in *LG* vom Kinderbuch entfernt. Die drollige Eierfigur mit ihrer trotzköpfigen Widerrede wird zweifellos Kindern Spaß machen, doch die Reihe der Spitzfindigkeiten, die für Linguisten seit je eine Fundgrube bietet, muß für sie ohne jedes Interesse bleiben. Das gilt — zumindest der Tendenz nach — für das ganze Buch. Selbst im Unsinn verschiebt sich das Gewicht von kindertümlicher Phantastik zu erwachsenerer Sprachmanipulation und Denkakrobatik. Der Unterschied wird übrigens auch durch den Umstand unterstrichen, daß Alice hier keine Rezitationsfehlleistungen mehr begeht: Sie selbst wiederholt nur gleichsam das Libretto zu den Kinderreim-Szenen, die Unsinnsgedichte sind ganz auf die anderen Figuren übergangen. Scheint sie selbst hier mehr gegen unfreiwilligen Nonsense gefeit, so wird sie von Figuren wie Humpty Dumpty um so massiver mit Grundfragen sprachlicher Funktionen konfrontiert. In dieser Hinsicht darf man auch vom Kinderpublikum erwarten, daß ihm etwas von der Lehre aufgeht, die vor allem Erwachsene aus all den Manipulationen ziehen müssen: Wachsamkeit ist angebracht gegenüber dem, was man sagt und denkt; nichts ist so eindeutig und folgerichtig wie es scheint; doch wer aus Pedanterie vergißt, daß die Sprache auf Übereinkunft basiert, zerstört jede Kommunikation.[16]

Selbst der White Knight, der als einziger freundlich mit Alice spricht, stiftet einige Sprachverwirrung, als er seine besonders unsinnige Gedichtparodie schon mit einer metasprachlichen Titel-Groteske einleitet (S. 306 ff.). Die Parodie von Wordsworths „Resolution and Independence" macht dann aus dem romantischen Ich des zwischen Heiterkeit und Schwermut schwankenden Wanderers und dem alten Blutegel-Sammler, der ihn durch seine Naturverbundenheit und pflichtbewußte Ausdauer tief beeindruckt, etwas völlig anderes: Carrolls White Knight stößt auf einen alten Schlauberger, der absonderlich einträglichen Tätigkeiten nachgeht wie etwa dem

---

[16] Vgl. Peter Alexander: Logic and the Humor of Lewis Carroll. In: Proceedings of the Leeds Philosophical and Literary Society 6 (1951), S. 564. Zur Komplexität von Humpty Dumpty vgl. auch Reinbert Tabbert: Humpty Dumpty oder die Kunst Lewis Carrolls. In: LWU 6 (1973), S. 176—186.

Sammeln von Schmetterlingen für Hammelpasteten, während er selbst geistesabwesend so vollends unsinnige Pläne erwägt wie die Grünfärbung des Bartes und zugleich deren Verdeckung durch einen Fächer. Wird dem Wordsworthschen Sprecher das Vorbild eines gefestigten Arbeitsethos entgegengehalten, so verkehrt sich der demonstrative Wechselbezug bei Carroll in die Pseudonützlichkeit des Alten und die totale Nutzlosigkeit und egozentrische Spielerei des Ritters, der dem Alten auch mit rüpelhafter Respektlosigkeit entgegentritt. Dem Ernst eines sinnvollen Lebens wird hier ein merkwürdiges Bedürfnis nach unsinnigem Spiel gegenübergestellt.

Der White Knight verabschiedet sich mit dem als Lied vorgetragenen und melancholisch ausklingenden Gedicht von Alice in einer Szene, die nicht nur von unsinnigen, sondern auch von sentimentalen und selbstironischen Zügen gekennzeichnet ist. Halb wehmütig, halb karikaturistisch wird das Bild eines Ritters von der traurigen Gestalt entworfen, der mit Carroll selbst manches gemein hat: ein erfinderisches Original, das weniger viktorianische Nützlichkeit als paradoxe Spielerei im Auge hat; ein Ritter, der so gar nicht sattelfest einen grotesken Fall nach dem anderen tut und in solchen Kopfüber-Landungen seine größte Gedankenfreiheit und Findigkeit erfährt; eine väterliche Gestalt, die sich Alice zugleich versponnen und beschützend, unbeholfen und einfühlsam nähert. Kein Wunder, daß die in einen nostalgischen Sonnenuntergang getauchte Szene mit dem traurig-komischen Ritter sie rührt und ihr von allen Begegnungen am stärksten im Gedächtnis haften wird.[17]

Insgesamt bleibt *LG* ein Buch, in dem deutlicher als im Vorgänger Carrolls eigene ambivalente Situation widergespiegelt erscheint. Es wirkt stärker über die Brillanz eines Intellekts, der sich von möglichst vielen Normen spielerisch zu lösen versucht. Doch so, wie die kuriosen Erfindungen des White Knight in erster Linie Vorsorge- und Schutzmaßnahmen sind, mit denen er zugleich die Heldin beeindrucken möchte, ist das Werk Carrolls literarischer Unsinn, hinter dem sich der Autor versteckt und durch den er sich zugleich mitteilt. Die Verbindung zur Kindheit und Kindlichkeit wird in diesem Folgewerk mit größerer Anstrengung hergestellt, und ein leicht resignierender Unterton klingt allenthalben an. Schon die Rahmenhandlung stimmt auf diesen Wandel ein: Das Verhalten

---

[17] Zum White Knight vgl. Levin, S. 196 f.; zu seiner Gedichtparodie Blake, S. 94 ff.; zur Szene insgesamt Arthur Rackin: Love and Death in Carroll's *Alices*. In: ELN 20.2 (1982), S. 33 ff.

der Heldin ist vorbedachter, der räumlich-zeitliche Hintergrund der Wohnstube im Spätherbst symbolisch begrenzter und vergänglicher.

Die Geleitverse schließlich sind vollends vom nostalgischen Gefühl geprägt, und der Rückzug zum unschuldigeren, unbeschwerteren Lebensgefühl des Kindes stellt ja eine Haupttriebfeder im Schaffen Carrolls dar. Das Spiel mit dem Nonsense bietet dabei die Möglichkeit zu intellektueller Sublimierung und Kontrolle des Gefühls sowie einen unbegrenzten Freiraum für die phantastische Imagination und verhindert im Werk selbst das Abgleiten ins Sentimentale — eine Gefahr, die vielfach aus privaten Bekenntnissen Carrolls spricht. Diese spielerische Phantasie, die Möglichkeit, sich für eine Weile von der Wirklichkeit in einen Traum entrücken zu lassen, um dann unbeschadet in die vertraute, wohlgeordnete Alltagswelt zurückzukehren — das war es wohl, was beim viktorianischen Publikum einen so überwältigenden Anklang fand. Schließlich war es allemal angenehmer, mit Alice durch den Spiegel in eine Zauberwelt zu treten, als sich im literarischen Spiegel selbst erkennen zu müssen.

IV. Zum Kontext der Alice-Bücher

1. Literarhistorische Zusammenhänge

Carroll schrieb die Alice-Bücher für Kinder und betonte immer wieder ihre Kindgemäßheit, eine Eigenschaft, die sie tatsächlich zu wegweisenden Klassikern der englischen Kinderliteratur machen sollte. Carrolls nachträgliche Kommentare stehen freilich, historisch gesehen, zwischen der metaphysischen Aufwertung des Kinderbildes durch die Romantiker und der rührseligen Kindertümelei der Spätviktorianer. Die Entstehung von *AW* begründete er mit einer von religiöser Ehrfurcht geprägten Kinderliebe: „[...] the awe that falls on one in the presence of a spirit fresh from GOD'S hands, on whom no shadow of sin, and but the outermost fringe of the shadow of sorrow, has yet fallen". Die Unschuld des Kindes, das noch frei von Sünde und von menschlichem Leid kaum berührt sich spontan und freudig dem Leben zuwenden kann, steht im krassen Gegensatz zum unweigerlichen Egoismus eines in die gesellschaftlichen Konventionen („name, or gain") eingebundenen Erwachsenendaseins: „[...] the bitter contrast between the haunting selfishness that spoils his best deeds and the life that is but an overflowing love [...] a simple love for all living things". An anderer Stelle verknüpft Carroll die Wißbegier von Alice mit diesem unschuldigen Kindheitsglück: Als „wildly curious" charakterisiert er die Heldin, „and with the eager enjoyment for Life that comes only in the happy hours of childhood, when all is new and fair, and when Sin and Sorrow are but names — empty words signifying nothing".[1] So deutlich schon die Rhetorik dieser Sätze wieder Carrolls persönlich motivierte Nostalgie verrät, so unverkennbar stehen die heraufbeschworenen Vorstellungen in der Tradition des romantischen Kinderbildes.

Dieses Kinderbild hatte eine ideengeschichtliche Revolution bedeutet. Die entscheidende Wende vollzog hier William Wordsworth. Im Übergang vom rationalistischen zum intuitiven Naturverständnis faßte er das Kind als Symbolträger einer ganzheitlichen Ur-

---

[1] Lewis Carroll: Alice's Adventures under Ground, S. V; *Alice* on the Stage, a. a. O., S. 283.

sprünglichkeit auf, die sich im Gegensatz zur Gesellschaft und ihren utilitaristischen Normen befand und mit der sich die Imagination des individualistischen Dichters auf besondere Weise verbunden fühlen konnte. In der berühmten „Ode" mit dem aufschlußreichen Untertitel „Intimations of Immortality from Recollections of Early Childhood" (1807) und dem schon zum geflügelten Wort gewordenen Motto „The Child is ‚father' of the Man", das in paradoxer Formulierung die Idee von der ‚Saatzeit' der Seele andeutet, entwarf er das Bild einer kindlichen Spontaneität im Naturerlebnis und der ursprünglichen Frömmigkeit in visionärer Hingabe, die in dem Maße verloren gehen, wie sich der erwachsenere Mensch in die Gesellschaft integriert. Dieser Verlust wird zwar bis zu einem gewissen Grade schließlich durch eine ‚reife Imagination' kompensiert, doch die geradezu mystische Aufwertung der Kindheit (Strophe 5) prägte nachhaltig den Wandel des Kinderbildes im 19. Jahrhundert. Allerdings verflachte das Bild, je mehr seine transzendentale Begründung und integrative Funktion verlorenging, zum sentimentalen Kitsch eines realitätsflüchtigen Kinderkults.[2]

Wordsworth selbst stand unter dem Eindruck der vom 18. Jahrhundert ausgehenden Wandlungen. Rousseau hatte Lockes aufklärerische Ideen zur Erziehung weiterverarbeitet und gegenüber der lange vorherrschenden und bis tief ins 19. Jahrhundert nachwirkenden Erbsündendoktrin des Puritanismus eine Kehrtwendung vollzogen, indem er die natürliche Unschuld des menschlichen Herzens und die kindliche Eigenständigkeit lehrte. Auch in England traten nun neben die Vertreter der „original sin" diejenigen der „original innocence". Wurde das aufgeheiterte Kindheitsbild dieser neuen Sensibilität bei Wordsworth wesentlich um eine visionäre Qualität bereichert und in die unmittelbare Nähe zur dichterischen Einbildungskraft gerückt, so spielte die naheliegende Folgerung, solche Anschauungen nun auch für die Kinderliteratur nutzbar zu machen, weder bei Wordsworth noch bei Rousseau eine Rolle: Beide thematisierten die Kindheit für das Erwachsenenpublikum. Näher kam dem schon William Blake mit seinen *Songs of Innocence* (1789), die das imaginative Bild kindlicher Unschuld, Frömmigkeit, Freude und Naturverbundenheit in angemessene Liedfor-

---

[2] Die Entwicklung des Kinderbildes wird grundlegend behandelt bei Peter Coveney: The Image of Childhood. The Individual and Society: a Study of the Theme in English Literature. Revised Edition. Harmondsworth 1967.

men brachten, ohne darüber soziale Mißstände wie die Kinderarbeit zu vergessen. Im übrigen versäumte Blake es aber auch nicht, den Liedern der Unschuld in komplementärer Dialektik *Songs of Experience* (1794) zur Seite zu stellen. Als lange verkannter Autor blieb er allerdings ohne Nachfolge, während englische Rousseauisten wie Thomas Day, die sich der Kinderliteratur zuwandten, ihre neue Botschaft doch wieder nur in allzu aufdringlichen Musterbüchern zum Ausdruck brachten.

Bis zur Mitte des 19. Jahrhunderts blieb die Kinderliteratur im engeren Sinne autoritär angelegt und didaktisch ausgerichtet: Geschrieben wurde von oben herab ohne ernsthafte Bemühung um die literarischen Bedürfnisse der Kinder selbst und bestenfalls in dem Bestreben, die moralisierenden Absichten möglichst effektvoll zu vermitteln. Die Gedichte der Geschwister Taylor standen trotz des kindertümelnden Tons letztlich in der Tradition der Überredungsstrategien von Watts' erbaulichen Kinderversen; nicht von ungefähr teilten sie das Schicksal, zum Rezitationsgut der Schule zu werden und die Parodisten herauszufordern. Auch erfolgreiche Erzählerinnen wie Sarah Trimmer und Martha Mary Sherwood vertraten weiterhin einen rigorosen Dogmatismus, der — ob er nun zur Tierliebe anhalten oder vor menschlicher Bösartigkeit abschrecken sollte — drastische Darstellungsmittel nicht aussparte. Beide standen im übrigen einer Entwicklung nahe, die besonders mit Hannah Moore verbunden ist: der Sonntagsschul-Bewegung und der Flut der „Religious Tracts", welche die Vermittlung elementarer Schulkenntnisse mit der Unterweisung in den puritanischen Tugenden verknüpfte und in außerordentlicher Breitenwirkung unters Volk brachte.

Immerhin trugen solche Aktivitäten zur Weiterentwicklung des Erziehungswesens und nicht zuletzt zur stärkeren Verbreitung der Lesefähigkeit bei. Eine Folge davon war, daß im 19. Jahrhundert der Bedarf an Lesematerial für Kinder und Jugendliche wuchs und sich allmählich ein eigener Kinderbuchmarkt herausbildete. Deutliche Anzeichen in dieser Richtung waren die Auffächerung in immer speziellere Gattungen oder die eigens für Kinder (und oft geschlechtsspezifisch) eingerichteten Zeitschriften. Ein entscheidender Zug dieser Differenzierungstendenz war aber das Aufkommen einer leichteren Tonart und die Wiederentdeckung und Neubelebung älterer volkstümlicher Traditionen, die erheblich von der weiterhin vorherrschenden Masse moralisierenden Schrifttums abwichen. In Büchern wie William Roscoes *The Butterfly's Ball* (1807) oder Catherine Sinclairs *Holiday House* (1839) kann man

zaghafte Ansätze zu einer unbekümmerteren Kinderliteratur erkennen. Stärker noch wird diese Entwicklung in den nun systematisch gesammelten Märchen und Kinderreimen sichtbar, die namhafte Autoren wie William M. Thackeray und John Ruskin zu
kindertümlichen Kunstmärchen inspirierten und Edward Lear, dem
eigentlichen Schöpfer der Unsinnspoesie, wichtige Anregungen
gaben. In der folkloristisch orientierten Kinderliteratur konnte
man so bereits vor *AW* ein Abrücken von der didaktischen Nütz-
lichkeitsfunktion, eine Verlagerung auf Reize des Irrationalen und
eine Auffächerung des Gattungsangebots beobachten.[3]
Die in frühviktorianischer Zeit einsetzende Literatur der Kunstmärchen und Unsinnsdichtung wurde von den Zeitgenossen in aufschlußreiche Zusammenhänge gerückt. Mit den dehnbaren Begriffen *fairy-tale* und *nonsense* bezeichnete man oft wenig gattungs-
spezifische Texte — jegliche naiv stilisierte Erzählung aus dem
Land der Phantasie und jegliche komische Dichtung ohne rechten
Sinn — und benutzte sie schließlich gar als Synonyme für allerlei
wunderbare, wunderliche Literatur, die, so kindgemäß sie angelegt
sein mochte, auch Erwachsene in ihren Bann schlug. Gemeinsame
Bedürfnisse von jung und alt wurden damit in einer Weise aner-
kannt, wie sie außerhalb der volksläufigen Tradition ein Jahrhundert früher kaum denkbar gewesen wären. Offenbar entwickelte
sich im Gefolge der romantischen Ideenanstöße und in der Reibung
am rigiden Wirklichkeitssinn und forcierten Vernunftsglauben der
viktorianischen Zeit zunehmend ein Sinn für das, was dem kindlicher Unbekümmertheit Entwachsenen verloren geht. Gestand
man nun dem Kind das Recht auf eine vom Primat der didaktischen Absicht gelöste und zuallererst faszinierende eigene Literatur
zu, so vor allem auch deshalb, weil man selbst die Rückversetzung

---

[3] Die Geschichte der englischen Kinderliteratur wird bis zu Carroll
verläßlich nachgezeichnet in dem Standardwerk F. J. Harvey Darton:
Children's Books in England. Five Centuries of Social Life. Third Edition Revised by Brian Alderson. Cambridge 1982. Die von Edgar Taylor
unter dem Titel *German Popular Stories* (zuerst 1823) übersetzten Kin-
der- und Hausmärchen der Gebrüder Grimm und die von James Orchard
Halliwell herausgegebenen *Nursery Rhymes of England* (zuerst 1842,
von Carroll wohl in der Ausgabe von 1853 benutzt) waren nicht zuletzt
deswegen die einflußreichsten Sammlungen ihrer Art, weil sie anregende
Modelle des Volksmärchens und des Volksnonsense boten. Die seit 1846
erschienenen Übersetzungen der wunderlichen Kunstmärchen von Hans
Christian Andersen zeigten wirkungsvoll Möglichkeiten der Literarisie-
rung solch folkloristischen Materials für jung und alt.

in eine kinderliterarische Welt dieser Art gegenüber den verstärkt empfundenen Alltagszwängen als wohltuenden, wenngleich befristeten Ausgleich erfuhr. Charles Dickens spricht gewiß für viele, wenn er in seinem Artikel „Frauds on the Fairies" in den *Household Words* (1853) zur Verteidigung des Märchens die Vorzüge der ‚Einfachheit‘, ‚Reinheit‘ und ‚unschuldigen Verstiegenheit‘ anführt. Märchen, so erläutert er, beschäftigen mit ihrem Zauber auf anregende Weise die Phantasie des Kindes, fördern unaufdringlich die Entfaltung so positiver Eigenschaften wie Liebenswürdigkeit, Mitleid, Rücksichtnahme, Geduld, Höflichkeit, Tier- und Naturliebe und Abscheu vor Gewalt, während sie dem Erwachsenen eine immer wieder Verjüngung bringende Zuflucht bieten, die er im Zeitalter des Utilitarismus nötiger hat denn je.

Dickens, der in seinen realistischen Romanen die Sensibilität des Kindes wie kaum ein anderer Autor seiner Zeit einzufangen verstand, verfaßte in seinem charakteristisch vergnüglichen Stil auch Erzählungen mit Zügen des Wunderbaren. *A Christmas Carol* eröffnete 1843 die Reihe der Weihnachtsgeschichten, die in ihrer Mischung von übernatürlicher Atmosphäre, sozialer Botschaft, karikaturhafter Typenzeichnung und rührseligen Momenten einen besonders volkstümlichen Eindruck hinterließen. Die Geschichten der „Holiday Romance" in *All the Year Round* (1868) benutzen das Grundkonzept, die von didaktischer Literatur angeödeten Kinder einmal umgekehrt Erzählungen zur Erziehung der Erwachsenen verfassen zu lassen, um ironische Verschränkungen von Fiktion und Realität zu erzeugen. Die beiden Varianten des Märchens mit sozialer Moral und des Märchens mit auseinanderklaffend phantastischer und wirklicher Welt finden sich auch bei Ruskin und Thackeray. Ruskin demonstriert in *The King of the Golden River* (1851) anhand der Suche dreier ungleicher Brüder nach dem Glück die Moral von der Nächstenliebe und bemüht sich bei aller Einfachheit der Sprache um einen kunstvollen Stil. Thackeray verfremdet in *The Rose and the Ring* (1854) die Märchenkonventionen aus parodistischer Spiellaune und betont schon im Untertitel die Unterhaltungsfunktion der familiären Erzählweise: „A Fireside Pantomime for Great and Small Children", d. h. er überträgt die humoristischen Effekte auf die um diese Zeit besonders beliebten Märchenspiele *(pantomimes, fairy extravaganzas)*. Thackeray zielt mit der Romanze um den Thronerben eines Phantasielandes auf den Gegensatz zur bürgerlichen Realität, die Situationskomik von Verwechslungen, die Sprachkomik bizarrer Namen und Worthäufungen sowie Übertreibungsmomente jeglicher Art, einschließlich der eigenen karikaturistischen Illustrationen. Er vertritt hier unverkennbar auch die neue Unterhaltungskultur der Viktorianer, die von der gehobeneren Erzählliteratur bis zu den kalauerfreudigen Bühnenfarcen reichte und jung wie alt etwas zu bieten hatte.[4]

Zu dieser Entwicklung gehört auch das Aufkommen des Nonsense, einer Gattung, mit der sich Thackerays Buch ebenfalls berührt. Edward Lear begründete die englische Unsinnspoesie mit der unter dem Titel *A Book of Nonsense* 1846 veröffentlichten Sammlung von Limericks nebst eigenen Illustrationen. Dabei handelt es sich um eine Gedichtform, die Lear zwar seit den zwanziger Jahren vorgegeben war, aber von ihm so eigenwillig vervollkommnet wurde, daß sie unlöslich mit seinem Namen verknüpft ist. Dieser Ruhm stellte sich allerdings erst mit der Neuauflage des Buchs (1863) ein: In den sechziger Jahren war die Zeit offenbar reif geworden für diese Art von Dichtung. Untrügliche Zeichen dafür waren, daß die führende humoristische Zeitschrift *Punch* die Form in ihr Repertoire aufnahm und daß seitdem auch namhafte Autoren von Alfred Tennyson bis Rudyard Kipling Gelegenheitsgedichte dieser Art verfaßten. Lears Limerick ist eine abstruse Vers-Anekdote mit stereotypen Personen, unmotivierten Situationen und willkürlichen Handlungen, konsequent unterlaufener Schlußpointe, formelhafter Sprache, kuriosen Reimzwängen und einer auf lapidare Wiederholungen und scheinbar wichtige Abweichungen zielenden Grundstruktur.

Man findet hier bereits die Hauptmerkmale des Nonsense modellhaft vereint: die additive Inkongruenz eines Textes, der die Sinnerwartung ins Leere gehen läßt; die anschauliche Inkongruenz einer verzerrten Wahrnehmungswirklichkeit (bildhafte Momente wie etwa disproportionale Größenverhältnisse sind bei dem Zeichner Lear besonders stark ausgeprägt); die Inkongruenz pseudologischer Verknüpfungen. Entworfen wird eine Welt des globalen Unsinns, die gegen alle Gesetze der Vernunft, Menschlichkeit und des Anstands verstößt. Der implizierte Verweis auf die Norm ist weniger satirisch ausgerichtet als vielmehr Ausdruck einer spielerischen Lust an der Abnormität um ihrer selbst willen oder einer

---

[4] Zur viktorianischen Aufwertung des Märchens allgemein und zu Dickens, Ruskin und Thackeray im besonderen vgl. Petzold: Das englische Kunstmärchen im neunzehnten Jahrhundert, S. 95 ff., 124 ff., 249 ff.

Entlastung vom Druck der Alltagszwänge. In kindlicher Übertreibung werden menschliche Häßlichkeit und Brutalität, absonderliche und regelwidrige Verhaltensweisen zum erheiternden Blödsinn entschärft und damit jung wie alt unterschiedliche, aber auch verbindende Freiheitsgefühle vermittelt. Lear erweiterte sein Repertoire der Nonsenseformen in den vor allem während der siebziger Jahre erschienenen Büchern, die ebenfalls ihre Nachahmer fanden. Hier gab es neben weiteren Limericks ‚Unsinnslieder‘ mit absurden Tierdialogen, verlebendigten Haushaltsgegenständen und grotesken Seefahrten; auch ‚Unsinnsgeschichten‘ in Prosa; ferner unsinnige Kochrezepte, Pflanzenkunde und Abecedarien. Es waren vor allem parodistische und sprachspielerische Effekte, die bei diesen späteren Texten verstärkt hinzutraten.[5]

Zu Beginn der sechziger Jahre war somit die Märchen- und Nonsenseliteratur für jung und alt etabliert. Auch gab es schon vor Carroll Autoren, die wirkungsvolle Mischungen von beidem versuchten, und gleichzeitig mit den Alice-Büchern bedeutende phantastische Erzählungen vergleichbarer Art. Zu denken ist hier einmal an Charles Kingsleys *The Water Babies* (1863), sodann an George MacDonalds *At the Back of the Northwind* (1871). In beiden Fällen handelt es sich um weitere Varianten der Kinderliteratur mit märchenhaften Zügen, die in besonderem Maße ihre Wunderwelten mit der Realität verschränken, ein Umstand, der schon aus dem gemeinsamen Schwellenmotiv des Todes hervorgeht. Der Tod gehörte ja in einer Zeit noch wesentlich höherer Kindersterblichkeit und der die Alten einschließenden Großfamilie in ganz anderer Weise zur Alltagserfahrung, und Sterbeszenen kehren in endlosen Abwandlungen — von puritanischer Schocktherapie über tröstliche Jenseitsvergewisserung bis zu tränenseliger Sentimentalität — in der viktorianischen Kinderliteratur wieder. Im übrigen entstammen die kindlichen Helden beider Bücher nicht von ungefähr dem ärmlichen Unterschichtenmilieu, das mit der notorischen Erscheinung der Kinderarbeit aufs engste verbunden ist.[6]

---

[5] Über Lear vgl. Sewell, passim; Liede, S. 165 ff.; Hildebrandt, S. 107 ff.; Petzold: Formen und Funktionen der englischen Nonsense-Dichtung im 19. Jahrhundert, Kap. 1 passim; Prickett, S. 114 ff.

[6] Zur Kindersterblichkeit und zum Todesmotiv vgl. Avery, S. 213 ff.; James Walvin: A Child's World. A Social History of English Childhood 1800—1914. Harmondsworth 1982, Kap. 2. In diesem Kontext wie auch im Vergleich zur Märchentradition erscheinen die implizierten Grausamkeiten in den Alice-Büchern eher gemäßigt.

Kingsley beschreibt in *The Water Babies* das harte Leben eines Schornsteinfegergehilfen — er trug damit entscheidend zur gesetzlichen Unterbindung (1864) dieses schon von Blake angeprangerten Mißstands bei — und seinen auf panischer Flucht erlittenen Tod durch Ertrinken, der den Helden in das Feenreich einer ,Anderswelt' unter Wasser bringt, wo weitere Kinder aus einem ähnlich unerträglichen Dasein heruntergeholt und zu ,Wasserkindern' gemacht worden sind. Als ein solches Wasserkind beginnt er gleichsam ein neues Leben, das ihm erstmals einen Entwicklungsspielraum bietet. Auf einer abenteuerlichen Suche-Reise durchs wundersame Unterwasserland begegnet er Personifikationen einer moralischen Orientierung und gelangt nach entsprechender Bewährung in ein paradiesisches Gefilde. Abgesehen vom sozialkritischen Ansatz und dem hervortretenden Faszinosum der Unterwasserwelt wird das Werk von diversen Vorlieben des Autors geprägt, die dem Ganzen letztlich einen etwas uneinheitlichen Charakter geben: Rabelaissche Kataloge und Wortmonstren, Satire nach der Art Swifts, nonsensehafte Einsprengsel, evokationsreiche Naturschilderungen, die allegorische Verbindung christlicher und darwinistischer Gedanken sind die auffälligsten Elemente, die hier zusammenkommen.

Ist der Schwelleneffekt zwischen der diesseitigen und einer jenseitigen Welt in der Linearstruktur von Kingsleys Buch deutlich markiert, so sind diese Bereiche in MacDonalds *At the Back of the Northwind* wohl auch prinzipiell unterscheidbar, doch auf sehr viel komplexere Weise auf eine durchgängige Zweischichtigkeit angelegt. Die Bereiche des konkreten Alltags im Londoner Slum-Milieu und einer ,nächtlichen' Phantasiesphäre, die sich über diese Wirklichkeit erhebt und zur transzendentalen Erfahrung des Lebens nach dem Tode führt, wechseln sich im Verlauf der Erzählung miteinander ab, durchdringen sich aber auch teilweise. Die Geschichte des Kutscherjungen, der seine in Not geratene Familie unterstützt und schließlich stirbt, ist verschränkt mit den wunderbaren Erlebnissen in seinen Begegnungen mit der Verkörperung des ,Nordwinds', einer mütterlichen Dame mit prächtig langem Haar, die verschiedenerlei Gestalt annehmen kann und ihn in die übernatürliche Welt entführt. Sie ist zugleich das Medium, durch das er ,hinter dem Nordwind' eine paradiesische Jenseitigkeit kennenlernt, die dem Tod wie den Nöten des irdischen Daseins den Schrecken nimmt. Die Komplexität der wunderbaren Dimension ergibt sich in diesem Buch auch aus der Einlagerung von Träumen, die Abwandlungen der zentralen Jenseitsvorstellung widerspiegeln, und der Einfügung eines in sich geschlossenen Märchens, das die Unterordnung des Bösen unter den göttlichen Plan vor Augen führt.[7]

Die beiden Bücher von Kingsley und MacDonald gehören mit den Alice-Büchern zu den Klassikern der viktorianischen Kinderliteratur. Gemeinsam ist ihnen allerdings auch, daß sie über das Zielpublikum hinaus erwachsene Leser ansprechen. Bei Kingsley ist das ausdrücklich und wie selten nachweislich der Fall; bei MacDonald ist es insofern schon gegeben, als er eine ganze Reihe von Märchen verfaßt hat, die bald mehr einer kindlichen, bald mehr einer erwachsenen Leserschaft zugedacht waren. Die drei Autoren stehen deutlich in der romantischen Tradition und teilen den theologischen und universitären Hintergrund, unterscheiden sich jedoch beträchtlich in ihrer Handhabung der märchenhaften Erzählung. MacDonalds erzählerischer Verschränkung von wunderbarer und wirklicher Welt steht Carroll in seinem Spätwerk näher als in den Alice-Büchern, die schon in der Komik direktere Parallelen zu Kingsleys Buch ergeben. In der Gewichtung der Unsinnskomik steht Carroll freilich Lear mindestens so nahe wie den Märchenautoren; und im Mischungsprinzip berührt er sich deutlich mit der erwähnten Erzählung *The Rose and the Ring* von Thackeray. Dies gilt auch für die gemeinsame Orientierung an der „erwachsenen" Unterhaltungskultur, die in mittviktorianischer Zeit enormen Auftrieb bekam.

Die relativ harmonische Phase der fünfziger bis frühen siebziger Jahre, die von sozialem Frieden, Fortschrittsglauben und wachsendem Wohlstand gekennzeichnet war, bildet den Hintergrund zur Pflege einer Unterhaltungskultur, die zu unbeschwerter Beschaulichkeit neigte und in vielfältigen Formen Verbreitung fand. Dieser Umstand zeigte sich besonders in der Bevorzugung eines freizeitlich gelösten Amüsements gegenüber einer kritisch engagierten Komik. Volkstümliche Straßenballaden und gesellige Lieder, Burlesken, Farcen und Extravaganzas auf der Bühne, Karikaturen in Serie, heitere Romane und Erzählungen, parodistische Dichtung und Sachprosa bezeugen diesen Trend. Nirgends tritt die Produktivität komischer Literatur und Grafik so deutlich hervor wie in der steigenden Zahl humoristischer Zeitschriften (rund 300 solcher *comic weeklies* erschienen im Verlaufe der viktorianischen Ära), die so

---

[7] Zu den beiden Büchern von Kingsley und MacDonald vgl. Prickett, Kap. 5; Petzold: Das englische Kunstmärchen im neunzehnten Jahrhundert, S. 138 ff., 208 ff.

manchen Klassiker der gehobenen Unterhaltung zuerst heraus-
brachten (Hood, Thackeray, Gilbert, Cruikshank). Es entstand ein
eigener Markt für professionelle Humoristen, die mit kuriosen
Märchen, Etikettenbüchlein, Koch- und Kursbüchern, Sprachlehren
und Körperkunden, Kalendern, Ausstellungs-Bildberichten, Rätsel-
sammlungen usw. alle nur möglichen Textsorten und Buchformen
für komische Zwecke entdeckten. Dabei dominierte das harmlose
Vergnügen an Regelverstößen oder auch am Jux um seiner selbst
willen; und sogar bei den Parodisten überwog die Lust an der
virtuosen Nachahmung und Übertreibung eventuelle stilkritische
Absichten. Man unterwarf sich ohnehin einer Selbstzensur inhalt-
licher Tabus (Sexualität, Religion) und formaler Zurückhaltung
(Anzüglichkeit, Invektive). Einen geschmacksbildenden Einfluß
hatte in diesem Sinne die Zeitschrift *Punch,* die seit den vierziger
Jahren mit ihrer Mischung von Zeitkommentar und Unterhaltung
in einer milden Spielart des Humors breiten Anklang fand. Die
allgemeine Vielfalt und Verfeinerung der Komik ermöglichte es
gerade den Nonsense-Autoren, eine spielerische Exzentrizität zu
entfalten, die das Phantastische und Inkongruente einer durch
Überzeichnung entrückten Wirklichkeit darstellte und damit zugleich die dunkleren Seiten der Alltagszwänge entschärfte, ohne sie
freilich ganz neutralisieren zu können oder auch nur — in unter-
schwelliger Surrogatbildung — dies zu wollen.[8]
Wenn die Parodie und das Sprachspiel sich als die beliebtesten
Stilmittel dieser viktorianischen Komik herauskristallisierten, so
liegt eben auch darin eine gewisse Ambivalenz. Nicht alles kann
man nämlich auf den elementaren Nachahmungs- und Spieltrieb
zurückführen, auch wenn am Verselbständigungsmoment des Über-
treibens die Tendenz zur Auflösung im „reinen" Nonsense besonders deutlich erkennbar wird. Insgesamt gibt es hier eine breite
Skala von Zwischenstufen, deren die Klassiker der viktorianischen
Komik sich mit einiger Systematik bedienten. Von dem Vorläufer
Thomas Hood (d. Ä.) bis zu Carroll und seinen Zeitgenossen läßt
sich das variantenreich verfolgen. Hoods *Whims and Oddities*
(1826/27) enthalten — gelegentlich mit satirischem Einschlag und
nicht ohne düstere Details — skurrile Prosaskizzen und balladeske
Gedichte mit reihenweise ausgestreuten Kalauern. Sein gleichnami-

---

[8] Vgl. den instruktiven Überblick über die Spielarten der ‚milden' Ko-
mik in dieser Zeit bei Donald J. Gray: The Uses of Victorian Laughter.
In: Victorian Studies 10. 2. (1966), S. 145—176. Die düsteren Aspekte bei
Thomas Hood d. Ä., Gilbert und Carroll werden etwas stark betont bei
Henkle: Comedy and Culture, S. 185 ff.

ger Sohn (auch Tom, d. J.) war ihm an obsessioneller Sprachspielerei mindestens ebenbürtig und veröffentlichte unter anderem die Romanparodie *Vere Vereker's Vengeance* (1865), die bemerkenswerte Parallelen zu Carrolls Stil aufweist. Beide Hoods sind auch als Autoren von Kinderbüchern und Herausgeber humoristischer Periodica hervorgetreten. William S. Gilberts 1869 zusammengestellte *Bab Ballads* handeln respektlos von Autoritätspersonen, pointieren menschliche Absonderlichkeiten und lassen in ihrer parodistischen und sprachspielerischen Eigenwilligkeit Anzeichen eines schwarzen Humors erkennen. Charles Stuart Calverley brachte mit seinen *Fly Leaves* (1872) eine der beliebtesten Parodiensammlungen in viktorianischer Zeit heraus, die vor allem auf zeitgenössische Lyriker zielte, und zwar renommierte wie populäre.[9]

In „hoher" wie unterhaltsamer Literatur, Kinder- wie Erwachsenenbüchern, fiktionalen wie wissenschaftlichen Werken war Carroll ein ungewöhnlich belesener Mann. Hinzu kam seine Begeisterung fürs Theater in jeglicher Form und sein eifriges Interesse an den Magazinen, in denen er wiederholt kindertümliche oder humoristische Beiträge unterbringen konnte. Die meisten der hier angeführten Autoren kannte er im übrigen nicht nur durch ihre Veröffentlichungen, sondern auch persönlich. Die auffälligste Ausnahme bildet dabei Lear, und das Verhältnis der beiden größten Nonsense-Klassiker zueinander bleibt in ein merkwürdiges Dunkel gehüllt. Carroll schweigt sich über den Vorläufer und Rivalen aus, doch daß er dessen Werk nicht gekannt haben soll, ist unwahrscheinlich. Fragen der wechselseitigen Einflußnahme spielen bei dem Verhältnis freilich keine wesentliche Rolle. Denn neben offensichtlichen Gemeinsamkeiten treten die Unterschiede zwischen ihnen mindestens ebensosehr hervor. Beide schrieben — wie auch Ruskin, Kingsley und MacDonald — ihre Märchen- und Unsinnswerke zuallererst für ein privates Kinderpublikum, erreichten darüber hinaus aber eine immense Erwachsenen-Leserschaft. Beide waren passionierte Kindernarren und eigenbrötlerische Junggesellen, die ihre Entfremdung von der Erwachsenenwelt im Medium der Phantastik und des Nonsense kompensierten. Bei aller Parallelität der Motive und Methoden steht Lear der (Klein-)Kinderliteratur näher, während Carroll intellektuellere Ansprüche miteinbezieht. Lears Nonsense besitzt die stärkere Anschaulichkeit (ein-

---

[9] Zum Nonsense in den humoristischen Zeitschriften und zu den beiden Hoods vgl. Petzold: Formen und Funktionen der englischen Nonsense-Dichtung im 19. Jahrhundert, S. 84 ff., 97 ff., 107 ff., 117 ff.

schließlich der voll integrierten Illustrationen) und in seinem formelhaften Stil besonders sprachklangliche Qualitäten; Carroll operiert stärker mit logischen Verrätselungen und semantischen Spielereien. Lear enthüllt auch in den Unsinnstexten deutlicher emotionale Regungen; Carroll bleibt um rationalistische Distanz bemüht, und sein Werk ist allein schon durch die Ironien wesentlich komplexer.[10]

Viele Abweichungen ergeben sich freilich schon aus den andersartigen Untergattungen: der von Lear bevorzugten Verskunst des Limerick einerseits und der von Carroll gewählten Erzählform des dialogisierten Märchenabenteuers mit Gedichteinlagen andererseits. Solche Präferenzen bekommen aber eben auch erst durch die literarischen Entwicklungen der Zeit ihr eigenes Profil. Ohne daß die Originalität der Alice-Bücher geschmälert werden soll, ist Carroll im Kontext der hier skizzierten Bewegungen zu sehen. Die Aufwertung des Kinderbildes und die Ansätze einer unterhaltsamen Kinderliteratur, die Wiederbelebung des Märchens, die Begründung des Nonsense und die Herausbildung von Mischformen für jung und alt, die hohe Wertschätzung des Humors (nicht nur als literarischer Qualität) und einer dem Alltag enthobenen, spielerischen Freizeitgestaltung, die Auffächerung des Marktes und das Aufkommen der Vergnügungsindustrie — alles dies schuf Voraussetzungen, aus denen Carrolls Klassiker entstehen und ein so bemerkenswertes Echo finden konnten.

2. Sozialgeschichtliche Aspekte

Es ist auf fast schon symbolische Weise bezeichnend, daß Carroll auf der Fahrt zur Londoner Weltausstellung von 1862 die Gliederung der Urfassung von *AW* entwarf. Die Eisenbahn beflügelte seit frühester Jugend und in mehrfacher Hinsicht seine Phantasie: Schon der Geschwisterunterhalter hatte ja eine Eisenbahn-Burleske

---

[10] Über Carrolls allgemeine Belesenheit, seine literarischen Vorlieben und mögliche Beeinflussungen vgl. Hudson, S. 58, 74 f., 82, 128, 187, 190. Eingehendere Vergleiche von Carroll und Lear finden sich bei Sewell, S. 7 ff.; Hildebrandt, S. 121 ff., 138 ff.; Petzold: Formen und Funktionen der englischen Nonsense-Dichtung im 19. Jahrhundert, Kap. 1 passim; Prickett, S. 129 ff.

verfaßt; und der spätere Autor sollte Alice im Spiegelland auf beschleunigender Bahnfahrt ein Schachfeld weiterkommen lassen, während der unermüdliche Erfinder ein Reiseschach ersann, zum Zeitvertreib und für Kinderbekanntschaften unterwegs (*LG*, S. 217 ff., 296). Auch die Weltausstellung war für ihn ein wiederkehrendes Erlebnis, das etwas von dem Eindruck der ersten Kristallpalast-Ausstellung von 1851 in Erinnerung rufen mußte. Damals waren ihm die kolossalen Statuen, die historischen, internationalen Ausstattungsräume, die einfallsreichen Kunststücke moderner Mechanik (zumal ein lebensecht wirkender Baum mit beweglichen Singvögeln) und die unerschöpfliche Vielfalt ähnlicher Exponate vorgekommen wie Dinge aus einem ‚Märchenland'.[11] Zwei Zeiterscheinungen, die in besonderem Maße den technologischen Fortschritt widerspiegelten, wirkten charakteristischerweise anregend auf Carrolls spielerischen Erfindergeist und seinen Sinn für märchenhafte Atmosphäre. Die eigentümliche Disposition gegenüber einer Außenwelt, die ein neues Raum- und Zeitgefühl versinnbildlichte, unterscheidet sich gar nicht so erheblich von der Betrachtung einer begrenzteren Umwelt, die Vergangenes festzuhalten schien wie jener Garten der Deanery, den Carroll von einem Fenster hinter der Bibliothek sehen konnte. Dort spielten die kleinen Liddells hinter verschlossener Tür; und sie mögen so dem Außenseiter die Idee zum Märchenmotiv des schwer zugänglichen Gartens gegeben haben.[12] Denn das verlorene Paradies der Kindheit konnte er auf Dauer nur fiktional wiederherstellen.

Bei der zunehmenden Zurückgezogenheit seines Lebens in der ohnehin besonders konservativen Enklave von Christ Church gingen gleichwohl Carrolls Interessen vielseitig in wissenschaftliche wie künstlerische Richtung und griffen mit der Fotografie oder dem Spiritismus recht neuartige oder unorthodoxe Entwicklungen auf. Doch auch solche Interessen sind meist aufschlußreich mit der Sphäre der Kindheit verknüpft. Selbst der Berufslogiker kommt am wirkungsvollsten im kuriosen Beispielmaterial zum Ausdruck,

---

[11] Zu den Ausstellungsbesuchen vgl. die Tagebucheinträge vom 5.—8. 7. 1862 (Diaries, S. 184) und den Brief an die ältere Schwester Elisabeth vom 5. 7. 1851 (Letters, S. 17 f.).

[12] Reichert, S. 22 ff., stellt über die ornamentale Kaschierung des Gebrauchswerts der Produkte und die Konvertibilität und Heterogenität der Dinge recht weitgehende Beziehungen zwischen der Weltausstellung von 1851 und Carrolls Nonsense her und suggeriert den Zusammenhang von Carrolls Blick in den geschlossenen Garten der Deanery mit der sublimierenden Verwendung des Motivs in *AW*.

und der freizeitliche Autor hatte seinen nachhaltigsten Erfolg in der Verbindung von phantastischer Erzählung und Unsinnspoesie. Carrolls Originalität lebt von der Kultivierung einer Verspieltheit, die merkwürdig entrückt erscheint von dem tiefgreifenden Wandel, den das viktorianische England durchmachte, und die sich doch auch gerade darin als symptomatisch erweist für die inneren Widersprüche der Zeit. Insofern hat der Autor der Alice-Bücher nicht nur Klassiker des von den Zeitgenossen gerühmten ‚unschuldigen Frohsinns‘ für Kinder jeglichen Alters geschaffen, sondern — bewußt oder unbewußt und von den Lesern wahrgenommen oder nicht — in satirischen Seitenhieben wie alptraumhaften Projektionen Widerspiegelungen einer konfliktreichen Ära eingebracht: Was als Unsinn dem eskapistischen Konsum entgegenkam, war nicht zuletzt auch Ausdruck eines gestörten Verhältnisses zur realen Umwelt, die in vielerlei Hinsicht von widersinniger Turbulenz gekennzeichnet war.[13]

Selbst für die relativ ausgeglichenen Jahrzehnte friedlicher Prosperität in der mittviktorianischen Phase (1851—73) gilt, daß die latenten Spannungen und elementaren Kompensationsbedürfnisse, die für das gesamte Zeitalter charakteristisch waren, spürbar blieben. Die Norm des Utilitarismus, die das Alltagsleben bestimmte, verschränkte sich mit einer stilprägenden Schwäche fürs Unnütze. Die hervorgekehrte Nüchternheit ging mit sentimentalen Anwandlungen und humoriger Entspannung einher. Der forcierte Fortschrittsglaube löste zunehmend Regressionsneigungen aus. Das gefestigte Vertrauen auf die Rationalität und die Empirie der Wissenschaft erlitt Einbrüche aus Bereichen des Irrationalen und Übersinnlichen. Der vorherrschend materialistischen Lebenseinstellung standen religiöse Bindung und kritisches Engagement gegenüber. Vom nachhaltigen Konformitätsdruck suchte man in egozentrischer

---

[13] Zum Folgenden vgl. besonders R. K. Webb: Modern England. From the Eighteenth Century to the Present. Second Edition. London 1980, eine Darstellung größerer historischer Zusammenhänge unter Einbeziehung sozialer Entwicklungen; Richard Altick: Victorian People and Ideas. A Companion for the Modern Reader of Victorian Literature. New York 1973, ein Überblick über den sozialgeschichtlichen Hintergrund der viktorianischen Literatur; Walter E. Houghton: The Victorian Frame of Mind 1830—1870. Second Edition. New Haven 1959, eine Analyse der ideengeschichtlichen Grundlagen des Viktorianismus mit seinen Widersprüchen; Geoffrey Best: Mid-Victorian Britain 1851—75. London 1979, eine eingehendere sozialgeschichtliche Untersuchung der mittviktorianischen Phase.

Absonderlichkeit Entlastung. Das Leben des einzelnen spaltete sich in den streng kodifizierten Öffentlichkeitsbereich und die abgeschirmte Privatsphäre sowie die Rollenpolarität eines gesteigerten Männlichkeitsethos und Weiblichkeitskults. Bei aller Faszination bekundete sich eine tiefe Verunsicherung angesichts der einschneidenden Veränderungen, welche die um sich greifende Verstädterung und die fortschreitende Mechanisierung für das vertraute Bild des Landes und seinen gewohnten Lebensrhythmus brachte: Die nunmehr bestimmende Dynamik von Mobilität und Tempo provozierte geradezu die nostalgische Reaktion der Bildung von Schonräumen, die Vergangenes festzuhalten versprachen.

Nicht von ungefähr sollte die emotional besetzte Enklave des kindheitlichen Gartens zu einem Topos der viktorianischen Literatur werden. Doch wenn Carroll in der Realität des Ausgesperrtseins immer wieder und in verstärktem Maße die Unwiederbringlichkeit dieser heilen Provinz erfuhr, so scheint er dies fiktional schon in *AW* versinnblildicht zu haben, wo die Heldin im endlich erreichten Garten nur die gesteigerte Fortsetzung eines unsinnigen Treibens erlebt. Eine ganz andere Enklave sah Carroll in der Kristallpalast-Ausstellung, die ihm wie ein modernes Märchen vorkam. Hier vergegenständlichte sich indessen nicht der Wunschtraum des abschirmenden Festhaltens von Raum und Zeit, sondern der Anspruch der umfassenden Hereinnahme aller Räume und Zeiten in einer Art Fokus: Die Exponate kamen aus den unterschiedlichsten Ländern und Epochen, und mit dem hohen Anteil an Erfindungen wurde die Zukunft vorweggenommen. Hier sollte die totale Verfügbarkeit einer Welt suggeriert werden, die doch nur um den Preis verwirrender Zusammenhanglosigkeit zur Schau zu stellen war.

Der Kristallpalast selbst versinnbildlicht etwas von der Ambivalenz der Zeit: ein monumentales Modell fortschrittlicher Industriearchitektur mit eklektizistischen Anleihen beim Kathedral- und Gewächshausbau, das zur Ruine werden sollte, bevor es zum Denkmal werden konnte. In der zeitgenössischen Funktion als Ausstellungsgebäude aber strahlte der Kristallpalast auf fast magische Weise die Zuversicht einer neuen Ära aus. Die Große Ausstellung von 1851 präsentierte die „Works of Industry of all Nations". Sie brachte aber nicht nur die staunenswerten Erzeugnisse von Manufaktur und Design aus aller Welt nach London, sondern wollte eben auch aller Welt mit der Ingeniösität der eigenen Produktion die zivilisatorische Überlegenheit veranschaulichen. Mehr als die Hälfte der Aussteller kam aus Großbritannien und dem wachsenden Empire. Man schwelgte in Superlativen, die noch dem banalsten Gebrauchsgegenstand eine ästhetische Überhöhung verliehen. Die Ausstellung wurde zu einer beispiellosen Massenattraktion: An Besuchstagen zu verbilligtem Eintritt kamen Scharen aus den unteren Schichten; und mit dem neuen Verkehrsmittel, der Eisenbahn, die ihren ersten Entwicklungsboom hinter sich hatte („railway mania"), reisten Scharen aus der Provinz an, um in den Genuß dieses spektakulären Freizeitvergnügens zu kommen. Die Ausstellung und die Eisenbahn markieren in besonders sinnfälliger Weise die neue Ära im Gefolge der Industriellen Revolution, deren Auswirkungen von der Wissenschaft und Technik über die Wirtschaft und Gesellschaft bis in die Kultur und das Weltbild hinein jeden Lebensbereich des viktorianischen Zeitalters prägen sollten.

Die rasante Entwicklung neuer Technologien im Stadium des Industriekapitalismus, das wirtschaftliche Wachstum, der steigende Wohlstand, die verbesserte Lebensqualität, die ansehnlichen Erfolge auf wissenschaftlichem Gebiet und die imperiale Machtentfaltung nährten in großen Teilen des Bürgertums einen zweckdienlichen Fortschrittsglauben, der auch angesichts der Ausbeutung einheimischer Arbeitermassen und ganzer Kolonialvölker ungebrochen blieb. Die auf Jeremy Benthams Moral vom ‚größten Glück der größten Anzahl' zurückgehende utilitaristische Ideologie der Viktorianer konzentrierte sich weithin auf die Rechtfertigung des individuellen Glücksstrebens, das in der Praxis materiellen Gewinns und sozialen Ansehens am leichtesten meßbar wurde. Die Idee eines dem Fortschritt dienenden, von Selbstbewußtsein getragenen Individualismus ließ sich zugleich aus Darwins Evolutionslehre ableiten. Der Sozialdarwinismus Herbert Spencers verband die Vorstellung vom ‚Überleben des Tüchtigsten' mit der Doktrin der ‚freien Wahl', die ein simples Kausalitätsverhältnis zwischen Leistung und Erfolg herstellte und menschliche Verelendung dem Unvermögen des einzelnen anlastete.[14] Wenn solche Denkschemata im eklatanten Widerspruch zu den Realitäten am unteren Ende der sozialen Pyramide standen, so verschafften sie doch dem bürgerlichen Leistungsprinzip zunehmend Geltung, das mit der Devise von der ‚Selbsthilfe' und dem Bildungsappell entsprechend motivierend wirkte. Das Selbsthilfe-Credo wurde zudem von der nicht-utilitaristischen, religiösen Bewegung der Evangelikalen sanktioniert, die aus einer individualistischen Heilslehre heraus das

---

[14] Zu Carrolls höchst ambivalenter Einstellung gegenüber Darwin und Spencer vgl. Blake, S. 33 f.

Prinzip von Leistung und Lohn für jedermann und in direkter Parallelität für das Diesseits wie das Jenseits propagierten und auch philanthropische Reformen in Gang brachten, ohne aber am System der ausgeprägten Klassenhierarchie zu rütteln.

Wenn solche Entwicklungen in den Alice-Büchern nur recht sporadisch und indirekt ihren Niederschlag finden, so fällt immerhin auf, daß dies im späteren Buch deutlicher erkennbar wird als im Vorgänger. In *LG* werden auf systematische Weise die Vorstellungen von Raum und Zeit relativiert, jene Koordinaten, die in fundamentaler Weise den konfliktreichen Wandel zur modernen Welt umreißen. Die von John Stuart Mills *System of Logic* (1843) begründete allgemeine Tendenz zur Verwissenschaftlichung erscheint reflexhaft in den durchgängig gesteigerten Gedankenspielen. Die streitbare Selbstsucht im Rahmen eines reglementierten, hierarchischen Systems tritt besonders prägnant hervor, insofern die Figuren bis in die Einzelaktionen hinein determiniert erscheinen. Das Nützlichkeitsdenken, das alles nach seinem materiellen Wert taxiert, wird ebenso kurios einbezogen wie die Nutzlosigkeit exzentrischer technischer Erfindungen.

Bezeichnenderweise stößt Alice in der Eisenbahnepisode auf eine kapitalistische Mentalität, die im ‚Chor' der Passagiere konsequent verlautbart wird: die Arbeitszeit des Schaffners, das Bahnhofsgelände, der Dampf der Lokomotive, ja die Wörter der Sprache — alles ist eine Kostenfrage. Konkreta und Abstrakta werden unterschiedslos und nach grotesk übertreibenden Tausend-Pfund-Einheiten in einer Weise eingeschätzt, wie das im Zeitalter der Eisenbahn, Dampfmaschine, Bodenspekulation und Telegrafie denkbar geworden ist (*LG*, S. 217 f.). Die Vorstellung von der Kapitalisierung sprachlicher Leistung, die besonders abwegig anmutet und für den Logiker und Dichter ihre eigene Ambivalenz besitzt, wird von Humpty Dumpty weitergetrieben. Der nominalistische Sprachtheoretiker und subjektivistische Literaturkritiker trumpft in der Pose des Großunternehmers auf, der die Masse der Wörter als Arbeiterschaft eingestellt hat (in hierarchischer Abstufung: die Adjektive sind weniger spezialisiert als die Verben) und zu Akkordlöhnen den semantischen Ertrag steigern läßt (Bezahlung des Einzelworts nach Bedeutungsmenge). Humpty Dumptys Allegorie vom Sprachgebrauch als kapitalistischer Ausbeutung Lohnabhängiger zur Profitmaximierung enthüllt die gleiche autoritäre Absurdität wie die anschließend beanspruchte, schlechthin umfassende Kompetenz literarischer Interpretation, die sich nicht nur auf sämtliche Dichtung der Vergangenheit erstreckt, sondern auch gleich noch die

Zukunft vereinnahmt. Abgesehen vom variierten Inversionsprinzip (erst die Deutung, dann die Erzeugung des Textes) deutet sich hier jene viktorianische Selbstgefälligkeit an, die über Materie und Geist, Vergangenheit und Zukunft gleichermaßen Verfügungsgewalt zu besitzen glaubte. Nicht von ungefähr werden dabei Gedichte wie andere ‚Erfindungen' behandelt — in einer Attitüde, die von viktorianischem Philistertum eher noch unterboten wurde (*LG*, S. 269 f.).

Solche satirischen Seitenhiebe entsprechen durchaus Carrolls späterer Kritik an der Vernachlässigung der Geisteswissenschaften gegenüber den Naturwissenschaften in Oxford, sie bleiben in den Alice-Büchern aber auf implikationsreiche Einzelpassagen beschränkt. Direktere und kontinuierlichere Zeitbezüge ergeben sich dagegen im Hinblick auf den Sittenkodex, die Kultur und das Familienleben des Bürgertums. Dieser Umstand hängt ebensosehr mit der thematischen Konzeption der Bücher wie mit der von einem mittelständischen Milieu geprägten Persönlichkeit des Autors zusammen.

Die unbestreitbaren Leistungen des Bürgertums auf vielen Gebieten des viktorianischen Lebens wurden erheblich von Idealen und Normen gefördert, die das Verhalten der Nation z. T. über alle Klassenschranken hinweg prägten, auch wenn sie in den mittleren Schichten in ganz anderer Weise realisierbar waren als in den unteren. Denn es war unverkennbar ein bürgerlicher Kodex, der hier das vorherrschende Menschenbild für ein dynamisch verstandenes Zeitalter entwarf. Der viktorianische Tugendkatalog betonte Eigenschaften wie Arbeitseifer und Pflichterfüllung, Ernsthaftigkeit und Rechtschaffenheit, Umsicht und Disziplin, Sittenstrenge und Manierlichkeit. Je mehr von diesen Tugenden erfüllt wurden, desto sicherer mußte sich der zu Wohlstand führende Erfolg einstellen. Und je mehr von den erfolgreichen Tugenden der mitmenschlichen Umwelt sichtbar gemacht werden konnte, desto höher wurde die ‚Respektabilität' veranschlagt. Der Viktorianer sah sich einerseits in besonderem Maße als Individuum gefordert, mußte aber andererseits vor dem strengen Tribunal der Gesellschaft bestehen. Die Gebote einer so anspruchsvollen Gesinnung und verzichtreichen Gesittung, die das Leben bis in die kleinsten Alltäglichkeiten reglementierten und die vorzeigbare Erfüllung zur sozialen Auflage machten, mußten zwangsläufig zu einseitigen Übersteigerungen, elementaren Kompensationsbedürfnissen und scheinheiligen Verhaltensweisen führen. Eine repressive Sexualmoral zeitigte einerseits eine extreme Prüderie, andererseits Ausdrucksformen einer Ersatzerotik wie den Jungmädchenkult, von der Kehrseite der Prostitution und Pornographie ganz zu schweigen. Eine rigide Puritanermoral verstieg sich allzu leicht zur Bigotterie, ohne gegen unterschwellige Anfechtungen gefeit zu sein. Wo es sich nicht wie hier um tabuierte Bereiche handelt, gab es allerdings durchaus zulässige Ausgleichsmöglichkeiten. Konformitätsdruck und Selbstdisziplin machten steife, pedantische Verhaltensweisen nahezu unvermeidlich, harmlose Absonderlichkeiten waren aber ebenso annehmbar wie kultivierte Exzentrizität. Mehr noch gilt das für das Wechselverhältnis von Ernsthaftigkeit und Humor, Nüchternheit und Phantasie, Nützlichkeitsdenken und freiem Spiel.

In alledem war Carroll ein typischer Viktorianer. In seiner selbststilisierten Verdoppelung als Dodgson/Carroll verkörpert er geradezu symbolhaft die widersprüchlichen Spannungen der Zeit, die Psychodynamik der Anpassungszwänge, Entfremdungsgefühle und Entlastungsbedürfnisse. Ist Dodgson der Teil seiner Persönlichkeit, der sich mit den hochgesteckten Ansprüchen des viktorianischen Kodex identifiziert, so Carroll der Teil, der sich — und anderen — erholsame Befreiung aus solcher Rigidität verschaffen kann. Er tut dies mit der Narrenfreiheit des Nonsense- und Kinderautors, der auf Alice ein sehr viel gelösteres Bild viktorianischer Tugenden übertragen kann, während er alle Auswüchse des offiziellen Viktorianismus zerrbildhaft den Wunderlandwesen anlastet. In der Kontrastbildung und ihrer Entschärfung zum phantastischen Unsinn erfüllte Carroll eine willkommene Funktion.

Ähnliches gilt allgemein für die komplementäre Beziehung von Arbeitsalltag und freizeitlicher Unterhaltung. Das Arbeitsethos, oft genug zum Selbstzweck hochstilisiert, verlangte nach zweckfreier Entspannung. Zum „Gospel of Work" trat die Botschaft vom heilsamen Vergnügen, auch wenn dies häufig nur utilitaristisch die Wiederherstellung für den Arbeitsprozeß im Auge hatte. Zugleich wurde von Kritikern wie Ruskin ein wesentlich modifiziertes Arbeitsethos vertreten: The Crown of Wild Olive (1866) stellte der sinnentleerten Arbeit des reinen Gelderwerbs im Konkurrenzkampf die Arbeit gegenüber, die in sich selber sinnvoll ist, dem Individuum wie dem Gemeinwohl dient und nicht zuletzt frei macht für geistige Interessen und die kindliche Heiterkeit des Spiels. Ein solches Ideal menschlicher Arbeit und Muße wurde offenbar von Carroll geteilt.[15]

---

[15] Blake, S. 188 f. Zum Folgenden vgl. Best, S. 218 ff.; Walvin, Kap. 5; Blake, Kap. 7.

Allerdings konnte es nicht ausbleiben, daß die viktorianische Industriegesellschaft auch den Bereich der Muße bald vermarktete: Sie schuf nicht nur verstärkte Freizeitbedürfnisse in größeren Bevölkerungsteilen, sondern bot auch in systematischer Verbreitung neuartige Möglichkeiten ihrer Befriedigung. In diese Zeit nämlich fallen die Anfänge einer Freizeitkultur für die Massen. Das Aufkommen von Vergnügungsstätten mit abwechslungsreichem Mischprogramm (Music Halls), des organisierten Mannschaftssports (Fußball- und Criquet-Clubs), des Ferienbetriebs (Eisenbahnausflüge, Seebäder), der technisch-künstlerischen Hobbies (Fotografie), der unzähligen Gesellschaftsspiele und des Kinderspielzeugs (Croquet, Charaden, Puzzles, mechanische Puppen usw.) bezeugen das: freizeitlich-spielerische Betätigungen, denen auch Carroll sich zuwandte, mit der einzigen Ausnahme des Sports, dem er schon in Rugby nichts abgewinnen konnte.

Unter den gleichen Bedingungen veränderten sich auch die Freizeitmedien von Literatur und Presse. Neue Druck- und Vertriebsverfahren begünstigten die Entstehung eines nationalen Buchmarkts und kamen dem Aufschwung der Presse zugute. Die mehrfache Vermarktung von Texten, der verstärkte Anreiz durch Textillustrationen und die Herstellung besonderer Billigprodukte für das Massenpublikum waren gemeinsame Tendenzen. Eine besondere Rolle spielte hier auch der Freizeitmarkt der Familienunterhaltung. Bücher zum Vorlesen im Familienkreis und spezielle Familien-Blätter, die jung und alt etwas zu bieten versuchten, versorgten diesen Markt mit Texten, die einer entsprechend peinlich befolgten inoffiziellen Zensur unterlagen. Marktbewußt, journalistisch und zeichnerisch ambitioniert und bis zum vorweggenommenen Rezeptionstest auf Kinderunterhaltung im Familienkreis eingestellt, war Carroll offensichtlich bemüht, solchen Trends entgegenzukommen.

Dem Familienleben maßen die Viktorianer ganz allgemein erhöhte Bedeutung zu.[16] Die Familie bildete insofern einen ausgesprochen stabilisierenden Faktor, als sie die soziale Hierarchie im kleinen Maßstab widerspiegelte und — den Evangelikalen zufolge — einer göttlichen Ordnung entsprach: die Frau ist dem Mann untertan, das Kind den Eltern. Das von der Erbsündendoktrin getrübte Kinderbild der puritanischen Tradition wurde von den Evangelikalen

---

[16] Zum Folgenden vgl. besonders Grylls, Kap. 1; Inglis, Kap. 3; John Lawson/Harold Silver: A Social History of Education in England. London 1973, Kap. 8—9; sowie Walvin, passim.

mit eher noch größerem Nachdruck verbreitet. Zwar erkannten sie wie die Romantiker in der Kindheit eine eigene Entwicklungsstufe, doch im Gegensatz zur romantischen Vorstellung von der kindlichen Unschuld sahen sie die kostbare junge Seele gerade vom Keim des Bösen gefährdet und betonten die Bedeutung der frühen Charakterformung des Kindes, das unter fürsorglicher Anleitung auf den Pfad der Tugend gebracht werden muß. Wurde von daher die Voraussetzung des Gehorsams und die Wichtigkeit der Erziehung für den Lebensweg des Kindes hervorgehoben, so erinnerte das Eltern und Lehrer an ihre Verantwortung. Die fügsamen Zöglinge sollten nach christlichen Grundsätzen, aber mit liebevoller Zuwendung geführt werden. Das Primat des Gehorsams und der moralisch-pädagogische Anspruch erzeugten freilich oft die unheilvolle Mischung von einer bis zum Behütungswunsch übertriebenen Fürsorglichkeit einerseits und einer mit Drill, Drohung und Strafe arbeitenden Disziplinierung andererseits.

In der Dramatisierung solcher erzieherischer Widersprüchlichkeit und zumal der satirischen Bloßstellung autoritärer Auswüchse werden Carrolls Zeitbezüge am deutlichsten erkennbar. In der Konstellation von Alice und den Wunderlandwesen werden die individuelle Beherztheit und geistige Sicherheit des Mädchens, das im wesentlichen über die kodifizierten viktorianischen Tugenden verfügt, ohne bereits in die Starre der Erwachsenenwelt verfallen zu sein, mit zerrbildhaften Projektionen eines Systems konfrontiert, in dem sich unnachgiebige Egozentrizität, konkurrierende Machtansprüche, bedrohliche Grausamkeit und undurchsichtige Reglementierung zum Eindruck eines repressiven Kollektivs zusammenfügen. Die integrationsbereite Heldin, die mit kindlicher Vernunft ihre groteske Umwelt zu verstehen trachtet, stößt nur auf Kreaturen, die herrschsüchtig reagieren, ihre Schwächen hinter repressiven Ritualen verbergen und ihre Verrücktheit mit Autorität bemänteln. Carrolls implizierte Kritik richtet sich dabei gegen die negativen Erscheinungen der Erziehungspraxis ebenso wie gegen die dazu benutzte Kinderliteratur. Die humoristisch einfallsreiche Gestaltung seiner Nonsense-Charaktere und Gedichtparodien ließ freilich eine übermütige Komik hervortreten, die die Alice-Bücher noch leichter konsumierbar machten als Dickens' Romane, deren wiederholte Erziehungssatire ja auch ihrer Popularität keinen Abbruch tat.

Im Verlaufe der viktorianischen Zeit kam es zu einer Verschiebung des Verhältnisses von Eltern und Kindern, einer Umverteilung der Rechte und Pflichten zugunsten der Kinder, die vor allem von früher Erwerbstätigkeit und Berufsausbildung entlastet wurden und eine längere Ausbildung mit erweitertem Lernstoff genossen. Das galt wiederum eher für die oberen als für die unteren Schichten: Das Schulsystem blieb trotz der Reihe der Reformen bis hin zur Einführung der allgemeinen Schulpflicht (1870) noch lange eine Institution, die das Land in ‚zwei Nationen‘ aufspaltete. Die besser gestellte Mittelklasse leistete sich Kindermädchen und Kinderzimmer, Gouvernanten und Privatschulen. Wenn sich für die so privilegierten Kinder die Schonräume von Heim und Schule länger erhielten, wurde dies doch oft mit einer gewissen Entfremdung von den Eltern erkauft: Das Kindermädchen konnte der Mutter die erste Gunst streitig machen, die Begegnungen mit dem Vater bekamen leicht etwas Rituelles, und der Eintritt in die Public School machte das Elternhaus zum Ferienaufenthalt. Im übrigen gab es in den Beziehungen der Kinder zu Vater und Mutter grundsätzliche Unterschiede, die mit den divergierenden Rollen von Mann und Frau zusammenhingen. Die Frau war weitgehend auf die häusliche Domäne eingeschränkt und widmete sich dem Ideal des „refinement". Wurde die Tätigkeit des Mannes vor allem an der Norm der Nützlichkeit gemessen, so blieben der verheirateten Frau neben der Haushaltsführung gepflegter Müßiggang und karitative Aktivität. Mann und Frau waren prinzipiell den Bereichen des Außen und Innen zugeordnet: Die Frau blieb Mittelpunkt des Heims und verkörperte Passivität und Emotionalität, während der Mann sich im Arbeitskampf der Außenwelt aufgrund seiner Aktivität und Rationalität bewährte. Von daher verkörperte der Vater für Kinder oft unnahbaren Ernst und Strenge, die Mutter hingegen Geborgenheit und Güte. Daß Carrolls Eltern diesem komplementären Bild recht nahe kamen, blieb offenbar nicht ohne Einfluß auf seine zwiespältige Persönlichkeitsentwicklung: Dodgson vertrat nach außen die „männlichere" offizielle Seite seiner bürgerlichen Existenz, Carroll die „weiblichere" Seite seiner privaten Bedürfnisse, die Mädchen mußten ihm Frau und Familie zugleich ersetzen.[17]

Jungen und Mädchen wurden früh auf die angedeutete Rollenverteilung hin erzogen. Abgesehen von den für beide Geschlechter verbindlichen Eigenschaften (vor allem Wahrhaftigkeit und Zuverlässigkeit) treten als ausgesprochen männliche Tugenden Selbstdisziplin, Arbeitsethos und Durchsetzungsvermögen hervor, eine durch harte Erziehung erreichte Mannhaftigkeit und durch ein breites Bildungsangebot ermöglichte Konkurrenzfähigkeit. Dage-

[17] Vgl. dazu Hudson, S. 36 f., 59.

gen sind die weiblichen Tugenden Anpassungsvermögen, Geduld und Herzenswärme sowie Selbstlosigkeit und Hilfsbereitschaft. Erfüllung sollte das Mädchen dem von Erziehern und Mädchenbüchern projizierten Ideal zufolge als Mittelpunkt der Familie und eines gepflegten Hauses finden: Coventry Patmores „Angel in the House" brachte die Aura dieses Frauenbildes formelhaft zum Ausdruck. Nicht nur in ihren Tugenden, sondern auch in ihrem Spielraum von Haus und Garten zeichnen sich bei Alice solche Rollenentsprechungen ab.[18]

Daß Ideal und Wirklichkeit hier häufiger auseinanderklafften als übereinstimmten, kann kaum verwundern; und daß sowohl die kindliche Individualität wie die Liebe und das Wohlwollen von Eltern und Erziehern oft diese starren Normen außer Kraft setzten, läßt sich mit gutem Grund vermuten. Ein wesentlicher Unterschied im Entwicklungsbild von Jungen und Mädchen kam hinzu. Orientierte sich die Erziehung des Jungen immer noch stark am erwachsenen Mann, so war das romantische Ideal der kindlichen Unschuld mit der Erziehung des Mädchens sehr viel besser zur Deckung zu bringen, zumal traditionelle Vorstellungen von der reinen, liebreizenden, zurückhaltenden Frau dem entgegenkamen und spätromantische Schwärmerei zusammen mit evangelikaler Inbrunst gar die Kind-Frau zum Idol erhoben. Das Mädchen wurde in dieser Sicht nicht als Vorstufe zum Erziehungsideal der reifen Frau verstanden, sondern zum ewig jungen Mädchen hochstilisiert, das dem Bürgertum den Traum von einer viktorianischer Häßlichkeit und Hektik entrückten Sphäre bot. Dieser Zug fand seinen prägnantesten Ausdruck in der Kunst der Präraffaeliten. Besonders Millais, aber auch Rossetti, Holman-Hunt und andere Vertreter dieser Malergruppe stellten oft Mädchen im pubertären oder vorpubertären Alter als phantomhafte Versinnbildlichungen äußerster Reinheit und Sensibilität dar, was eine unterschwellige Erotik keineswegs ausschloß. Die zunehmende Neigung der Zeit, die Frau wie das Mädchen in einen exquisiten Schonraum zu stellen, mußte illusionär bleiben und verrät sich durch die nostalgische Künstlichkeit der malerischen oder anderen Ausdrucksformen. Daß Carroll sich ebensowenig wie Ruskin oder Francis Kilvert diesem Mäd-

---

[18] Bratton, S. 178 ff., hat folgende Hauptugenden aus der Masse der viktorianischen Mädchenbücher herausgezogen: an erster Stelle „truthfulness", sodann „trustworthiness", „self-restraint" (im Hinblick auf späteres „refinement" einzuüben im Alter zwischen sieben und zwölf!) und schließlich „unselfishness". Zu den rollenspezifischen Freizeitbeschäftigungen und Spielformen vgl. Walvin, S. 88 ff.

Abb. 6

Eine Zeichnung von E. Gertrude Thomson für Carrolls Gedichtband
Three Sunsets (1898), die im süßlichen Stil des ‚reinen' Jungmädchenakts
einen ausgeprägten Geschmackstrend der Zeit widerspiegelt. Reproduktion nach Hudson, S. 217.

chenkult entziehen konnte, ist von frühen Gedichten bis zu Gertrude Thomsons Zeichnungen für die postumen *Three Sunsets* zu verfolgen und spiegelt sich noch in den Geleitversen der Alice-Bücher wider (Abb. 6).[19] In den Büchern selbst hat er solche Motivationen mit der Kreativität seiner Phantasie und seines Humors sublimiert, ein Umstand, der um so bemerkenswerter ist, wenn man die ausgeprägte Sentimentalisierung des Kindes in einem Großteil der nachfolgenden Literatur betrachtet. Tendenzen dieser Art bedeuteten eine eskapistische Kapitulation vor der gewandelten Welt, insofern gar nicht der Versuch unternommen wurde, in der Auseinandersetzung mit ihr zu einer neuen Ursprünglichkeit vorzustoßen und etwa die Kindheit in das Erwachsenendasein zu integrieren, wie es gerade die Romantiker versucht hatten.

Auch das blinde Festhalten am Kodex der ‚Respektabilität‘ glich einem Schutzwall, der in spätviktorianischer Zeit immer mehr abbröckelte. Besonders prekär war die Aufrechterhaltung des Scheins hinsichtlich der tabuierten Sexualität, zumal wo sich der Blick vor menschlichem Elend verschloß: Die Bewahrung kindlicher Unschuld konnte überhaupt nur in den mittleren Schichten zum Ideal gedeihen; Kinder aus Arbeiterslums wurden früh mit den ‚Tatsachen des Lebens‘ konfrontiert. Auch waren ihnen die Realitäten der Not und harten Arbeit eher vertraut als Begriffe wie Freizeit und Spiel oder Bildung — Umstände, denen die fiktionale Literatur vor dem Naturalismus kaum Rechnung trug (die Armenkinder von Dickens mögen Lumpen tragen und Hunger leiden, ihre Sehweisen sind eher mittelständisch). Das in widriger Umwelt anständig gebliebene Kind konnte wirkungsvoll an das Gewissen der Verantwortlichen rühren, verschleierte jedoch den ursächlichen Zusammenhang zwischen sozialem Elend und moralischer Verwahrlosung. Es bleibt eines der dunkelsten Kapitel des 19. Jahrhunderts, daß die bürgerliche Gesellschaft, die das Kind recht eigentlich entdeckte, mit ansah, wie zahllose Kinder im eigenen Lande Sklavenarbeit leisteten und kümmerlich dahinvegetierten.

Carroll sah wohl die Misere der Armenkinder, konnte diesen Teil der Bevölkerung aber weder zum Gegenstand seiner Alice-Bücher machen noch als Publikum im Auge haben. Daß er sich in beiderlei Hinsicht distanziert verhielt, entspricht seiner sozialen Zugehörig-

---

[19] Zum Mädchenkult der Zeit vgl. Walvin, S. 147 f. Hudson, S. 217 f. Ruskin war übrigens zeitweilig — als Alice Liddells Zeichenlehrer — gewissermaßen Carrolls Rivale.

keit und seinem Erfahrungsbereich. Auch wenn er gelegentlich Restauflagen seiner Bücher an karitative Institutionen verschenkte, spiegelt das eher seine Mittelstandsmoral wider und sagt wenig über die Kinder aus, die damit erreicht wurden.[20] Die Analphabetenquote war zur Erscheinungszeit der Alice-Bücher auf etwa 25 Prozent gesunken (gemessen an der nur bedingt aufschlußreichen Befähigung zur eigenhändigen Unterschrift); und wo in den unteren Schichten die Lesefähigkeit vorhanden war, wurde sie eher von der Flut der traditionellen Erbauungsbücher und der aufkommenden reißerischen oder sentimentalen Groschenromane mit Stoff versorgt: Auch in der Kinderliteratur gab es Klassenschranken. Damit soll die bezaubernde, vergnügliche Qualität der Alice-Bücher, die eine umwälzende Erneuerung der Kinderliteratur bedeutete und sie schließlich zu Klassikern der Weltliteratur gemacht hat, keineswegs gemindert werden. Allein der Hintergrund ihrer sozialen Repräsentativität und unmittelbaren Rezeption muß hier ins rechte Licht gerückt werden. Die Bücher spiegelten aus persönlicher Motivation zeitbedingte Zwänge und Bedürfnisse des viktorianischen Bürgertums. Auch die primären Adressaten sind unverkennbar Kinder dieser Schicht. Die Erwachsenen, die sie erreichen, haben ihrerseits ein geschichtlich bedingtes Verhältnis zur Kindheit. Doch wer wollte leugnen, daß diese Bücher in ihrer anhaltenden, weltweiten Anziehungskraft und ihrer die Interpreten narrenden Rätselhaftigkeit so auch nur bedingt erklärbar sind.

---

[20] Schon 1856 brachte er anläßlich der Lektüre von Charles Kingsleys *Alton Locke* sein Mitgefühl mit dem notleidenden Teil der Bevölkerung und zumal der Misere des „sweating system" zum Ausdruck, bekundete aber hinsichtlich wirksamer Reformansätze nur eine allgemeine Ratlosigkeit (Diaries, S. 71 f.).

V. Anhang

1. Biobibliographie und Zeittafel

seit 1830	Aufbau des Eisenbahn-netzes	
1832	Reform Bill: erstes von drei Wahlrechtsreformgesetzen (1867, 1884)	Charles Lutwidge Dodgson, geboren am 27. 1. in Daresbury, Cheshire, als drittes von elf Kindern des Pfarrers Charles Dodgson
1833	Factory Act: Einschränkung der Kinderarbeit	
1833—1845	Oxford Movement zur Erneuerung der alten Hochkirche	
1837	Thronbesteigung Königin Viktorias	
seit 1838	Chartistenbewegung der Arbeiterschaft	
seit 1841	*Punch*	
1841	Gemäßigt konservative Regierung unter R. Peel	
1843	J. St. Mill, *A System of Logic*	Umzug der Familie nach Croft, Yorkshire
1844—1845		Besuch der Richmond Grammar School
1845		beginnt Reihe der „family magazines"
1846	Aufhebung der Kornzölle: Übergang zum Freihandel	
1846—1849		Besuch der Privatschule von Rugby
1848	Gruppierung der Präraffaeliten	
1850—1854		Mathematikstudium am Christ Church-College, Oxford
1851	Große Weltausstellung im Londoner Kristallpalast	
seit 1854		Humoristische Gelegenheitsbeiträge in Zeitschriften

1854—1856	Krimkrieg	
1855		Bibliothekar (bis 1857) und Mathematikdozent (bis 1881) am Christ Church-College
1855—1858 ⎱ 1859—1865 ⎰	Whig-Regierungen unter Palmerston	
1856		veröffentlicht Parodien unter Pseudonym Lewis Carroll; beginnt mit dem Fotografieren; lernt Alice Liddell kennen
1857		Kontakte mit H. Hunt, J. Ruskin, W. M. Thackeray, A. Tennyson
1859	Ch. Darwin: *The Origin of Species*	Freundschaft mit G. MacDonald
1860		*A Syllabus of Plane Algebraical Geometry*
1861		Weihung zum Diakon
1862		Bootsausflug am 4. 7., aus dem *Alice's Adventures under Ground* hervorgeht
1865		*AW*
1867		Rußlandreise; schreibt „Fairy Sylvie" und „Bruno's Revenge" für *Aunt Judy's Magazine*
1868—1874	Liberale Regierung unter Gladstone	
1869		*Phantasmagoria*
1869	Programme des Disestablishment (Entstaatlichung der Kirchen) und der Home Rule (Selbstverwaltung Irlands)	
1870	Forsters Elementary Education Act	
1871		*LG* (datiert 1872)
1872—1874		Satirische Pamphlete zu College-Angelegenheiten
seit 1873	Wirtschaftsrezession	
1874—1880	Tory-Regierung unter Disraeli: „splendid isolation", Jingoismus und verschärfter Imperialismus	

1875		„Some Popular Fallacies about Vivisection"
1876		*The Hunting of the Snark*
1879		*Euclid and his Modern Rivals*
1880—1885	} Regierung unter Gladstone	
1886		
1882—1892		Kurator des Senior Common Room
1883	Gründung der Fabian Society	*Rhyme? and Reason?*
1885		*A Tangled Tale*
1885	} Konservative Regierungen unter Salisbury	
1886—1892		
1895—1902		
1886		Faksimile-Ausgabe von *Alice's Adventures under Ground*
1887		*The Game of Logic*
1888		*Curiosa Mathematica, Part I*
1889		*Sylvie and Bruno*
1890		*The Nursery „Alice"*
1893		*Sylvie and Bruno Concluded; Curiosa Mathematica, Part II: Pillow-Problems*
1897		*Symbolic Logic*
1898		Tod am 14. 1.; postum *Three Sunsets and Other Poems*
1901	Tod Königin Viktorias	

2. Literaturverzeichnis

Aus der Vielzahl verfügbarer Textausgaben und der angeschwollenen Sekundärliteratur kann hier nur eine Auswahl getroffen werden. Weiterführende bibliographische Hinweise sind zwei umfassenden Hilfsmitteln zu entnehmen:

The Lewis Carroll Handbook. Hrsg. von Sidney Herbert Williams et al. Second Revised Edition. Folkestone 1979.
    Größtenteils kommentierte Primär-Bibliographie. Angaben zur Sekundärliteratur unvollständig. Anhang über die Parodien.

Guiliano, Edward: Lewis Carroll. An Annotated International Bibliography, 1960—1977. Brighton 1980.
Auf Vollständigkeit angelegte Erfassung der Primär- und Sekundärliteratur.

Das folgende Literaturverzeichnis enthält die wichtigere Primär- und Sekundärliteratur der letzten drei Jahrzehnte: 1. zuverlässige, zugängliche und möglichst kommentierte Textausgaben der literarischen Hauptwerke; 2. Gesamtdarstellungen von Leben und Werk, Analysen der Hauptwerke nach zentralen Themen und Techniken und ihre gattungsmäßige Zuordnung. Die Kommentare kennzeichnen stichwortartig die jeweiligen Ansätze und Schwerpunkte. Die übrige hier verwandte Literatur wird in einer 3. Rubrik unkommentiert verzeichnet: speziellere Untersuchungen zu Carroll und allgemeine Sekundärliteratur; diverses Schrifttum zum weiteren historischen Zusammenhang.

Textausgaben

Carroll, Lewis: Alice im Wunderland. Alice hinter den Spiegeln. Übersetzt von Christian Enzensberger. Frankfurt 1963.
Beste deutsche Übertragung der Alice Bücher.
— *Alice in Wonderland. Hrsg. von Donald J. Gray. New York 1971.*
Enthält auch *LG* (jeweils mit den Illustrationen von John Tenniel) und den Text von *The Hunting of the Snark* samt Anmerkungen sowie einen Anhang mit biographischem und textgenetischem Material und Auszügen aus der Sekundärliteratur (W. Empson, A. L. Taylor, E. Sewell, P. Greenacre u. a.).
— *Alice's Abenteuer im Wunderland. Übersetzt von Antonie Zimmermann. New York 1974.*
Nachdruck der ersten Übersetzung von *AW* (1869).
— *Alice's Adventures in Wonderland. Through the Looking-Glass and What Alice Found There. Hrsg. von Roger Lancelyn Green. London 1971.*
Textkritischer und erklärender Kommentar. Mit den Illustrationen von John Tenniel.
— *Alice's Adventures under Ground. Introduction by Martin Gardner. New York 1965.*
Nachdruck der Faksimile-Ausgabe von Carrolls handschriftlicher Urfassung von *AW* mit eigenen Illustrationen.
— *The Annotated Alice. Alice's Adventures in Wonderland and Through the Looking-Glass. Hrsg. von Martin Gardner. Revised Edition. Harmondsworth 1970.*
Am reichhaltigsten kommentierte Ausgabe der Alice-Bücher (einschließlich sämtlicher Parodie-Vorlagen). Mit den Illustrationen von John Tenniel.

— *The Annotated Snark. Hrsg. von Martin Gardner. Revised Reprint. Harmondsworth 1974.*
   Reich kommentierte Ausgabe von *The Hunting of the Snark*. Mit den Illustrationen von Henry Holiday.
— *The Complete Works of Lewis Carroll. Introduction by Alexander Woollcott; 1939, rpt. London 1977. Mit gleicher Paginierung nachgedruckt als: The Penguin Complete Lewis Carroll. Harmondsworth 1982.*
   Umfänglichste Sammelausgabe auf dem Markt, aber keineswegs vollständig. Enthält neben *AW* und *LG* (illustriert von John Tenniel) die Texte von *Sylvie and Bruno* und *The Hunting of the Snark; Phantasmagoria, Three Sunsets* und andere Lyrik; *A Tangled Tale* und weitere Geschichten; die Oxforder Satiren, diverse Parodien, Spielvarianten, Rätsel, Beispielproben aus *Symbolic Logic* usw. Unkommentiert.
— *The Diaries of Lewis Carroll. Hrsg. von Roger Lancelyn Green. 2 Bde. London 1953.*
   Mit ausführlichen biographisch-dokumentarischen Ergänzungen.
— *The Letters of Lewis Carroll. Hrsg. von Morton N. Cohen. 2 Bde. London 1979.*
   Gut kommentierte Auswahl von 1305 Briefen aus der enorm umfänglichen Korrespondenz.
— *The Nursery „Alice". Introduction by Martin Gardner. New York 1966.*
   Faksimile-Ausgabe der Bearbeitung von *AW* für Kleinkinder (unter 5 Jahren). Mit vergrößerten, kolorierten Illustrationen von John Tenniel.
— *The Philosopher's Alice. Hrsg. von Peter Heath. London 1974.*
   Ausgabe der beiden Alice-Bücher mit Kommentaren zu deren logisch-philosophischen Implikationen.
— *The Rectory Umbrella and Mischmasch. Foreword by Florence Milner. 1932, rpt. New York 1971.*
   Erstveröffentlichung zweier Familienmagazine von Carroll mit seinen eigenen Zeichnungen.
— *The Wasp in a Wig. Hrsg. von Martin Gardner. New York 1977.*
   Erstveröffentlichung einer in *LG* ausgelassenen Episode.
The Works of Lewis Carroll. Hrsg. von Roger Lancelyn Green. London 1965.
   Vollständiger als *CW*, aber vergriffen.

Zu Carroll und den Alice-Büchern

Alexander, Peter: Logic and the Humor of Lewis Carroll. In: Proceedings of the Leeds Philosophical and Literary Society 6 (1951), S. 551—566.
Analyse der „logischen Basis" (Doppeldeutigkeiten, Trugschlüsse) von Carrolls Komik, die als befreiendes Spiel mit Denkkonventionen strukturiert ist.

Aspects of Alice. Lewis Carroll's Dreamchild as seen through the Critics' Looking-Glasses 1865—1971. Hrsg. von Robert Phillips. New York 1977.

Nützlichste Sammlung von Sekundärliteratur. Enthält neben den Originalbeiträgen von J. Bloomingdale und J. B. Gordon die nachgedruckten Aufsätze von R. W. Holmes, H. Levin, D. Rackin und das Buch-Kap. von W. Empson, Auszüge aus den Büchern von R. L. Green, Ph. Greenacre und F. B. Lennon; ferner: Einfluß- und Vergleichsstudien von E. Sewell und H. Gregory, Untersuchungen zur Satire (Sh. Leslie), Parodie (J. Ciardi) und Sprache (P. M. Spacks); eine Reihe freudianischer Analysen; kürzere Artikel namhafter Autoren und Kritiker wie W. H. Auden, V. Woolf, W. de la Mare, E. Wilson und J. B. Priestley. Die Sammlung repräsentiert die vorherrschenden Forschungsrichtungen und wird durch eine Auswahlbibliographie ergänzt, die den Zeitraum 1865—1976 erfaßt.

Auerbach, Nina: Alice and Wonderland. A Curious Child. In: Victorian Studies 17 (1973), S. 31—47.

Deutet Alice in der ursprünglichen Konzeption (Tier- und Essenssymbolik) als Verkörperung eines Kinder- und Frauenbildes, das sich dynamisch von der sentimentalisierenden Konvention abhebt.

Blake, Kathleen: Play, Games, and Sport. The Literary Works of Lewis Carroll. Ithaca, N. Y., 1974.

Verfolgt die thematischen Ausprägungen des Spiels nach einem Dreiermodell: vom reinen Spiel über das Wettkampfspiel zum destruktiv verselbständigten Spiel. Kap. 3—5 analysieren die Alice-Bücher, die dem für Carroll zentralen „competitive play" zugeordnet werden. Bezug auf Spielkultur der Zeit.

Bloomingdale, Judith: Alice as Anima. The Image of Woman in Carroll's Classics. In: Aspects of Alice, a. a. O., S. 378—390.

Betrachtet Alice als Carrolls „anima" und deutet die Bücher in entsprechend Jungscher Archetypik.

Clark, Anne: Lewis Carroll, London 1979.

Biographie mit kleineren Ergänzungen zu den Standardwerken.

Coveney, Peter: The Image of Childhood. The Individual and Society: a Study of the Theme in English Literature. Revised Edition. Harmondsworth 1967.

Verfolgt mit sozialkritischem Akzent die Darstellung des Kindes in der Literatur von Blake bis D. H. Lawrence. Kap. 10 über die nostalgische Tendenz in der Kinderliteratur seit Carroll.

Empson, William: Some Versions of Pastoral. 1935; rpt. New York 1960.

Kap. 7 (rpt. in: *Aspects of Alice*, a. a. O., S. 344—373) ist eine einflußreiche Analyse der Alice-Bücher mit scharfsinnigen Beobachtungen wie eigenwillig überzogenen, vor allem psychologisierenden Deutungen.

Flescher, Jaqueline: The Language of Nonsense in Alice. In: Yale French Studies 43 (1969), S. 128—144.

Zu einigen paradoxen Grundmustern des Nonsense.

Gattegno, Jean: Lewis Carroll. Fragments of a Looking-Glass. Übersetzt von Rosemary Sheed. New York 1976.
Kurzessays nach alphabetischen Stichworten: im einzelnen einfallsreich, doch insgesamt zu assoziativ-unausgewogen.

Gernsheim, Helmut: Lewis Carroll. Victorian Photographer. London 1980.
Bild-Monographie über Carroll als bedeutendsten Kinderfotografen des 19. Jahrhunderts.

Gordon, Jan B.: The Alice Books and the Metaphors of Victorian Childhood. In: Aspects of Alice, a. a. O., S. 93—113.
Vertritt in teils anregenden, doch überwiegend zu assoziativen literarischen und historischen Bezügen die These von den Alice-Büchern als ,dekadenter Erwachsenenliteratur'.

Green, Roger Lancelyn: Lewis Carroll. Revised Edition. London 1968.
Psychologisch etwas verharmlosende, doch insgesamt kenntnisreiche, ausgewogene Studie über Leben und Werk des Kinderbuchautors.

Greenacre, Phyllis: Swift and Carroll. A Psychoanalytical Approach. New York 1955.
Aufschlußreichste der psychoanalytischen Persönlichkeitsstudien, wenngleich keineswegs frei von Spekulationen.

Henkle, Roger B.: Comedy and Culture. England 1820—1900. Princeton 1980.
Sieht die Alice-Bücher im Zusammenhang mit der komischen Dichtung von Th. Hood und W. S. Gilbert als ambivalenten Ausdruck der mittviktorianischen Gesellschaft (Kap. 5).

— *Carroll's Narratives Underground. ,Modernism' and Form. In: Lewis Carroll. A Celebration, a. a. O., S. 89—100.*
Sieht die Modernität der Alice-Bücher in der Spannung zwischen erzählerischer Oberfläche und psychologischer Tiefendimension. Die Projektion von Ängsten des Erwachsenwerdens wie von Zweifeln gegenüber dem Erwachsensein richtet sich je ans Kinder- bzw. Erwachsenenpublikum.

Hildebrandt, Rolf: Nonsense-Aspekte der englischen Kinderliteratur. Weinheim 1970.
Systematische Untersuchung nach sprachgeschichtlichen (Begriff), logischen (Sinnbezüge), ästhetischen (Berührung mit Komikformen) und vor allem literarhistorischen Gesichtspunkten (vom Volksnonsense der Kinderreime bis zu modernen Kinderbüchern). Kap. 20 über Carrolls „Nonsense der Ratio".

Holmes, Roger W.: The Philosopher's Alice in Wonderland. 1959; rpt. in: Aspects of Alice, a. a. O., S. 159—174.
Bemerkungen zu philosophischen Aspekten der Sprache, Identität, Zeit usw. in den Alice-Büchern.

Hudson, Derek: Lewis Carroll. New Edition. London 1976.
Ergiebigste Biographie: Vielzahl aufschlußreicher Fakten, ausgewogenes Persönlichkeitsbild, wenngleich psychologisch etwas verhalten; Einbeziehung der Werke. Reichlich illustriert.

Huxley, Francis: The Raven and the Writing Desk. London 1976.
Versucht dem Carrollschen Nonsense wie den Auswüchsen der Sekundärliteratur entsprechend unsinnig-parodistisch beizukommen.

Kelly, Richard: Lewis Carroll. Boston 1977.
Allgemeine Einführung: Leben und Werk; hervortretende Gattungen im Überblick; Hauptwerke in Kurzinterpretationen.

Kibel, Alvin C.: Logic and Satire in Alice in Wonderland. In: American Scholar 43 (1974), S. 605—629.
Abstrakt überzogene Deutung: Alice als vorbildliches Kind im Akkulturationsprozeß gegenüber einer ambivalenten Erwachsenenwelt.

Kinkaid, James R.: Alice's Invasion of Wonderland. In: PMLA 88 (1973), S. 92—99.
Betont in teils überzogener Weise Alices ambivalentes Verhältnis zu den Wunderlandlesen: ihre Wendung gegen anarchische Verrücktheit; unwillkürliche Störung eines freiheitlichen Spielraums.

Lennon, Florence Becker: The Life of Lewis Carroll. Victoria Through the Looking-Glass. Third Revised Edition. London 1972.
Anregende ältere Darstellung von Leben und Werk, doch spekulativ in den psychoanalytischen Akzenten und den Hintergrundbezügen.

Levin, Harry: Wonderland Revisited. 1965; rpt. in: Aspects of Alice, a. a. O., S. 175—197.
Umsichtige Analyse der Alice-Bücher nach thematischen, technischen und historischen Gesichtspunkten. Kompakter, brillanter Einführungsessay.

Lewis Carroll. A Celebration. Hrsg. von Edward Guiliano. New York 1982.
Sammlung von Originalbeiträgen: neben den Aufsätzen von D. Rackin, T. Otten, R. B. Henkle und J. Stern hinsichtlich der Alice-Bücher weitere Analysen literarhistorischer Bezüge wie der folkloristischen Gattungstradition (N. Demurova) und der Nachwirkung bei Joyce (A. McGarrity Buki) sowie eine Reihe von Untersuchungen zum Verhältnis von Text und Illustration (M. Hancher, R. Kelly, J. Lull).

Lewis Carroll Observed. A Collection of Unpublished Photographs, Drawings, Poetry, and New Essays. Hrsg. von Edward Guiliano. New York 1976.
Enthält neben D. Rackins Aufsatz Beiträge zu Parodievorlagen (M. Gardner), zur Aktualität des Nonsense (E. Sewell), zum Einfluß des volkstümlichen Theaters (R. Henkle) und der Präraffaeliten (J. Stern) u. a.

Liede, Alfred: Dichtung als Spiel. Studien zur Unsinnspoesie an den Grenzen der Sprache. 2 Bde. Berlin 1963.
Umfassende gattungsgeschichtliche und typologische Bestandsaufnahme. Kap. über den Nonsense von Lear und Carroll (Bd. I, S. 157—204) betont Carrolls Spiel mit der Bildung und seine Abwehr einer chaotisch andrängenden Welt.

Luchinsky, Ellen: Alice: Child or Adult. In: *Jabberwocky* 6 *(1977),*
S. 63—74.
Betont das Kinder- gegenüber dem Erwachsenenbuch: Formen der
Komik, Ventilierung von Ängsten, Alice als beherztes Mädchen.

Mango, Susan: Alice in Two Wonderlands. Lewis Carroll in German.
In: *Sub-stance* 16 *(1977),* S. 63—84.
Das Übersetzungsproblem anhand Ch. Enzensbergers Übertragung der
Alice-Bücher.

Massey, Irving: The Gaping Pig. Literature and Metamorphosis. Berkeley
1976.
Kap. 4 untersucht die Verwandlungsformen in den Alice-Büchern,
verliert sich aber weithin in unsystematischen Allgemeinheiten.

Matthews, Charles: Satire in the Alice Books. In: *Criticism* 12 *(1970),*
S. 105—119.
Stellt als Hauptzielscheibe die viktorianische Etikette und ihre Didaxe
heraus.

Mellor, Anne K.: English Romantic Irony. Cambridge, Mass., 1980.
Kap. 6 sieht in Carrolls Nonsense den Versuch, einer von ,Angst und
Zittern' geprägten Welt mit romantischer Ironie zu begegnen.

Morton, Lionel: Memory in the Alice Books. In: *Nineteenth-Century*
Fiction 33 *(1978),* S. 285—308.
Verfolgt das Thema der Erinnerung bei den Figuren, unterlegt aber
z. T. fragwürdige autobiographische Implikationen.

Nöth, Winfried: Literatursemiotische Analysen zu Lewis Carrolls Alice-
Büchern. Tübingen 1980.
Benutzt eher die Texte zur Demonstration eines methodologischen
Modells als die Methode zur systematischen Erhellung der Bücher.

Otten, Terry: After Innocence. Alice in the Garden. In: *Lewis Carroll. A*
Celebration, a. a. O., S. 50—61.
Betont Alices Entwicklung in den dialektischen Spannungsmustern
von Unschuld und Erfahrung. Überzogen symbolisierende Deutung im
weitgespannten Rahmen des Sündenfallmotivs von Blake bis W. Gol-
ding.

Petzold, Dieter: Formen und Funktionen der englischen Nonsense-Dich-
tung im 19. Jahrhundert. Nürnberg 1972.
Ausgehend von den Hauptautoren Lear und Carroll werden der
literarhistorische Kontext in Kinder- und Erwachsenenliteratur, die
Wirkung und die Rückbezüglichkeit auf das viktorianische Zeitalter
untersucht.

— *Das englische Kunstmärchen im neunzehnten Jahrhundert. Tübingen*
1981.
Kap. 9 arbeitet ergänzend märchenhafte Züge in den Alice-Büchern
heraus.

Polhemus, Robert M.: Comic Faith. The Great Tradition from Austen to
Joyce. Chicago 1980.
Kap. 8 untersucht die humorig ,regressive' Komik von *LG,* die eine
absurde Welt verspottet und auf ihr humanes Potential verweist.

Prickett, Stephen: Victorian Fantasy. Hassock 1979.
    Kap. 4 ordnet die „alternative Ästhetik" des Nonsense von Lear und
    Carroll der phantastischen Gegenströmung zur vorwiegend realisti-
    schen Literatur der Zeit zu.
Pudney, John: Lewis Carroll and His World. London 1976.
    Illustrierte Biographie mit Hintergrundsbezug: betont soziale Ab-
    geschiedenheit, verharmlost psychische Probleme, doch insgesamt in-
    formativ zu Carrolls Leben. Keine Behandlung der Werke.
Rackin, Donald: Alice's Journey to the End of Night. 1966; rpt. in:
    Aspects of Alice, a. a. O., S. 391—416.
    Existentialistisch-symbolische Strukturanalyse von AW: Alices Suche
    in einer chaotischen Welt. Aufschlußreiche Textbeobachtungen, proble-
    matische Gesamtdeutung.
— Laughing and Grief. What's So Funny About Alice in Wonderland?
    In: Lewis Carroll Observed, a. a. O., S. 1—18.
    Sieht vor allem die „Horror-Komik" der Erwachsenenwelt (Attitü-
    den, Typen) heraufbeschworen.
— Blessed Rage. Lewis Carroll and the Modern Quest for Order. In:
    Lewis Carroll. A Celebration, a. a. O., S. 15—22.
    Bezieht Alice auf das durch Darwin veränderte Weltbild, wiederholt
    aber seine existentialistische Deutung von der Suche nach Sinn und
    Ordnung, mit der die Situation des modernen Künstlers vorwegge-
    nommen ist.
— Love and Death in Carroll's Alices. In: ELN 20.2 (1982), S. 26—45.
    Verfolgt motivisch die vom Nonsense unterdrückte Liebe, die erst
    gegen Ende von LG wirkungsvoll auftaucht.
Reichert, Klaus: Lewis Carroll. Studien zum literarischen Unsinn. Mün-
    chen 1974.
    Untersucht den „Unsinn" in den Alice-Büchern von drei Ansätzen
    her: der marxistischen Andeutung sozialgeschichtlicher Entstehungsbe-
    dingungen; der freudianischen Analyse der Traumtechniken und des
    autobiographischen Hintergrunds; der exemplarischen Interpretation
    von Gedichtparodien auf sprachlicher Basis. Scharfsinnige Beobachtun-
    gen und essayistische Brillanz werden durch assoziative Spekulationen
    beeinträchtigt.
Sale, Roger: Fairy Tales and After. From Snow White to E. B. White.
    Cambridge, Mass., 1978.
    Kap. 5 ordnet Carroll in die Tradition märchenhafter Kinderliteratur
    ein und deutet die Alice-Bücher als fragmentarische Phantasien, die
    Lesern jeglichen Alters eine wirre Welt erträglicher machen sollen.
Schöne, Annemarie: Humor und Komik in Lewis Carrolls Nonsense-
    Traummärchen. In: DVLG 28 (1954), S. 102—114.
    Erste nennenswerte Carroll-Studie in Deutschland: über Komik erzeu-
    gende Techniken des als freies Spiel verstandenen Nonsense.
Sewell, Elizabeth: The Field of Nonsense. London 1952.
    Erste systematische Gattungsstudie. Der Nonsense von Lear und Car-
    roll als intellektuelles Spiel mit der Sprache nach eigenen Gesetzen im

dialektischen Spannungsverhältnis zur Unordnung. Trotz der etwas engen Definition Herausarbeitung einer Reihe von Techniken.

Stern, Jeffrey: Lewis Carroll Surrealist. In: Lewis Carroll. A Celebration, a. a. O., S. 132—153.
Allgemein gehaltener Vergleich der rebellischen Unkonventionalität (Obsession mit Traum, Sprache, Kind usw.) bei den Surrealisten und Carroll.

Suchan, James: Alice's Journey from Alien to Artist. In: Children's Literature 7 (1978), S. 78—92.
Treibt die fragwürdige Deutung nach Entwicklungskriterien besonders weit: Alice überwindet die bedrückende Traumwelt und die rigide Normalität, indem sie als ,Erzählerin' zum Prototyp des Künstlers wird.

Sutherland, Robert D.: Language and Lewis Carroll. Den Haag 1970.
Entwickelt in systematischer Kategorisierung Carrolls Sprachauffassung, wie sie sich vor allem aus der Thematik und dem Sprachstil der literarischen Werke ablesen läßt. Betont das Spiel mit der Sprache, die Spekulationen über ihre Zeichenhaftigkeit und die Problematisierung ihrer Kommunikationsfunktion.

Taylor, Alexander L.: The White Knight. A Study of C. L. Dodgson (Lewis Carroll). Edinburgh 1952.
Enthält aufschlußreiche Beobachtungen zu den Alice-Büchern, kann jedoch mit der Deutung einer kirchenbezüglichen Allegorie nicht überzeugen.

Tiedemann, Rüdiger von: Alice bei den Surrealisten. Zur Rezeption Lewis Carrolls. In: arcadia 17 (1982), S. 61—80.
Untersucht den von fruchtbaren Mißverständnissen gekennzeichneten Einfluß der Alice-Bücher auf die surrealistische Kunst und Literatur.

Warren, Austin: Carroll and his Alice Books. In: Sewanee Review 88 (1980), S. 331—353.
Einführender Essay ohne bemerkenswert neue Aspekte.

Weaver, Warren: Alice in Many Tongues. The Translations of Alice in Wonderland. Madison 1964.
Weniger in den analytischen Ansätzen als in der bibliographischen Sichtung nützlicher Überblick.

Sonstiges

Altick, Richard: The English Common Reader. A Social History of the Mass Reading Public 1800—1900. Chicago 1957.
— *Victorian People and Ideas. A Companion for the Modern Reader of Victorian Literature. New York 1973.*
Applebee, Arthur N.: The Child's Concept of Story. Ages Two to Seventeen. Chicago 1978.
Atherton, J. S.: Lewis Carroll and Finnegans Wake. In: English Studies 33 (1952), S. 1—15.

Avery, Gillian (with Bull, Angela): *Nineteenth Century Children. Heroes and Heroines in English Children's Stories 1780—1900*. London 1965.

Best, Geoffrey: *Mid-Victorian Britain 1851—75*. London 1979.

Bratton, J. S.: *The Impact of Victorian Children's Fiction*. London 1981.

Children and Literature. Views and Reviews. Hrsg. von Virginia Haviland. London 1973.

Collingwood, Stuart Dodgson: *The Life and Letters of Lewis Carroll*. London 1898.

Darton, F. J. Harvey: *Children's Books in England. Five Centuries of Social Life*. 1932; third edition revised by Brian Alderson. Cambridge 1982.

de la Mare, Walter: *Lewis Carroll*. London 1932.

Dyson, A. E.: *Trial by Enigma*. In: *Twentieth Century* 160 (1956), S. 49—64.

Ettleson, Abraham: *Lewis Carroll's ,Through the Looking Glass' Decoded*. New York 1966.

Fensch, Thomas: *Lewis Carroll — The First Acid Head*. 1968; rpt. in: *Aspects of Alice*, a. a. O., S. 421—424.

Grahame, Kenneth: *The Golden Age*. London 1899.

Gray, Donald J.: *The Uses of Victorian Laughter*. In: *Victorian Studies* 10.2 (1966), S. 145—176.

Green, Roger Lancelyn: *Tellers of Tales. Children's Books and their Authors from 1800 to 1968*. Revised Edition. London 1969.

Grylls, David: *Guardians and Angels. Parents and Children in Nineteenth Century Literature*. London 1978.

Helmers, Hermann: *Sprache und Humor des Kindes*. 2. Auflage. Stuttgart 1971.

Houghton, Walter E.: *The Victorian Frame of Mind 1830—1870*. Second Edition. New Haven 1959.

The Illustrators of Alice in Wonderland and Through the Looking Glass. Hrsg. von Graham Ovenden. Introduction John Davis. Revised Edition. London 1979.

Inglis, Fred: *The Promise of Happiness. Value and Meaning in Children's Fiction*. Cambridge 1981.

Jabberwocky Re-Versed and other Guinness Versions. Dublin 1935.

Jackson, Rosemary: *Fantasy. The Literature of Subversion*. London 1981.

Lawson, John / Silver, Harold: *A Social History of Education in England*. London 1973.

Leacock, Stephen: *Sunshine Sketches of a Little Town*. Toronto 1970.

Lehmann, John: *Alice in Wonderland and its Sequel*. In: *Revue des Langues Vivantes* 32 (1966), S. 115—130.

Leslie, Shane: *Lewis Carroll and the Oxford Movement*. 1933; rpt. in: *Aspects of Alice*, a. a. O., S. 211—219.

Little, Judith: *Liberated Alice. Dodgson's Female Hero as Domestic Rebel*. In: *Women's Studies* 3 (1976), S. 195—205.

The Magic of Lewis Carroll. Hrsg. von John Fisher. Harmondsworth 1975.

Nilson, Alleen Pace: Children's Literature & Mass Media. In: School Library Journal 23 (1977), S. 106—109.

Opie, Iona und Peter: The Lore and Language of Schoolchildren. 1959; rpt. St. Albans, Herts., 1977.

The Oxford Book of Oxford. Hrsg. von Jan Morris, Oxford 1978.

Pattison, Robert: The Child Figure in English Literature. Athens, Ga., 1978.

A Peculiar Gift. Nineteenth Century Writings on Books for Children. Hrsg. von Lance Salway. Harmondsworth 1976.

Priestley, J. B.: A Note on Humpty Dumpty. 1921; rpt. in: Aspects of Alice, a. a. O., S. 262—266.

Sewell, Elizabeth: Lewis Carroll and T. S. Eliot as Nonsense Poets. 1958; rpt. in Aspects of Alice, a. a. O., S. 119—126.

Strong, T(homas) B(anks): Lewis Carroll. 1898; rpt. in: Aspects of Alice, a. a. O., S. 39—46.

Tabbert, Reinbert: Humpty Dumpty oder die Kunst Lewis Carrolls. In: LWU 6 (1973), S. 176—186.

Thody, Philip: Lewis Carroll and the Surrealists. In: Twentieth Century 163 (1958), S. 427—434.

Tucker, Nicholas: The Child and the Book. A Psychological and Literary Exploration. Cambridge 1981.

Walvin, James: A Child's World. A Social History of English Childhood 1800—1914. Harmondsworth 1982.

Webb, R. K.: Modern England. From the Eighteenth Century to the Present. Second Edition. London 1980.

1285 Henner Laass, Wolfgang Schröder
Samuel Beckett
= Literaturstudium 5
(W. Fink) 1984. 151 S.

1116 Heinrich F. Plett (Hrsg.)
Englisches Drama von Beckett bis Bond
(W. Fink) 1982. 438 S.

163 Wolfgang Iser
Der implizite Leser
Kommunikationsformen des Romans von Bunyan bis Beckett
(W. Fink) 2. Aufl. 1979. 420 S.

636 Wolfgang Iser
Der Akt des Lesens
Theorie ästhetischer Wirkung
(W. Fink) 1976. 358 S.

132 Eike Barmeyer (Hrsg.)
Science Fiction —
Theorie und Geschichte
(W. Fink) 1972. 383 S.

361 Dieter Bähr
Einführung ins Mittelenglische
(W. Fink) 1975. 191 S.

478 Werner Welte
Linguistisches Repetitorium für Anglisten
(W. Fink) 1975. 274 S.

580 Manfred Pfister
Das Drama, Theorie und Analyse
= Information und Synthese, Band 3
(W. Fink) 3. Aufl. 1982. 456 S.

1111 Rüdiger Ahrens (Hrsg.)
William Shakespeare: Didaktisches Handbuch 1
(W. Fink) 1982. 344 S.

1112 Rüdiger Ahrens (Hrsg.)
William Shakespeare: Didaktisches Handbuch 2
(W. Fink) 1982. 426 S.

1113 Rüdiger Ahrens (Hrsg.)
William Shakespeare: Didaktisches Handbuch 3
(W. Fink) 1982. 354 S.

1071 Willi Erzgräber
Utopie und Anti-Utopie
Morus, Morris, Wells, Huxley, Orwell
= Literaturstudium 1
(W. Fink) 1981. 216 S.

1073 Armin Paul Frank
Das englische und amerikanische Hörspiel
Eine Einführung anhand britischer und amerikanischer Texte
= Literaturstudium 4
(W. Fink) 1981. 178 S., 4 Tab.

Uni-Taschenbücher
wissenschaftliche Taschenbücher
für alle Fachbereiche
Das UTB-Gesamtverzeichnis
erhalten Sie bei Ihrem Buchhändler oder direkt von
UTB
Breitwiesenstraße 9
Postfach 80 11 24
7000 Stuttgart 80

UTB FÜR WISSENSCHAFT

**640 Jochen Schulte-Sasse,
Renate Werner
Einführung in die Literatur-
wissenschaft**
(W. Fink) 1977. 245 S., 12 Abb.,
3 Tab.

**303 Rainer Warning (Hrsg.)
Rezeptionsästhetik**
Theorie und Praxis
(W. Fink) 2. Aufl. 1979. 504 S.

**691 Gunter Grimm
Rezeptionsgeschichte**
Grundlegung einer Theorie mit
Analysen und Bibliographie
(W. Fink) 1977. 446 S.

**1026 Gerhard Köpf (Hrsg.)
Rezeptionspragmatik**
Beiträge zur Praxis des Lesens
(W. Fink) 1981. 298 S., zahlr.
Schemata u. Tab.

**799 Jürgen Link,
Ursula Link-Heer
Literatursoziologisches
Propädeutikum**
Mit Ergebnissen der Bochumer
Lehr- und Forschungsgruppe
Literatursoziologie
(W. Fink) 1980. 576 S., 2 Abb.,
39 Schemata

**133 Klaus W. Hempfer
Gattungstheorie**
= Information und Synthese,
Band 1
(W. Fink) 1973. 312 S.

**79 Kamilla Knopf
English Pronunciation Exercises**
Sprachlaborkurs nach didaktischen
Schwerpunkten der Ausgangs-
sprache Deutsch
(W. Fink) 2. Aufl. 1975. 116 S.,
10 Tab.

**160 Dieter Bähr
Standard English und seine
geographischen Varianten**
(W. Fink) 1974. 336 S.

**305 Jürgen Link
Literaturwissenschaftliche Grund-
begriffe**
Eine programmierte Einführung
auf strukturalistischer Basis
(W. Fink) 2. Aufl. 1979. 400 S.

**1227 Manfred Geier
Methoden der Sprach-
und Literaturwissenschaft**
Darstellung und Kritik
(W. Fink) 1983. 212 S.

**582 Michael Titzmann
Strukturale Textanalyse**
Theorie und Praxis
der Interpretation
= Information und Synthese,
Band 5
(W. Fink) 1977. 470 S.

**103 Jurij M. Lotman
Die Struktur literarischer Texte**
Deutsch von Rolf-Dietrich Keil
(W. Fink) 2. Aufl. 1981. 430 S.

Uni-Taschenbücher
wissenschaftliche Taschenbücher
für alle Fachbereiche
Das UTB-Gesamtverzeichnis
erhalten Sie bei Ihrem Buchhändler oder direkt von
UTB
Breitwiesenstraße 9
Postfach 80 11 24
7000 Stuttgart 80